韩兴娥课内海量阅读丛书

成语笑话

1

编著／邹敦怜　林丽丽　韩兴娥

编委／臧运红　李方正　姜奕彤

朱霞骏　王爱玲　王瑞花

刘维丽　谭建萍　陈晓妍

· 第 2 版 ·

江西人民出版社
Jiangxi People's Publishing House
全国百佳出版社

图书在版编目（CIP）数据

成语笑话 . 1 / 邹敦怜 , 林丽丽 , 韩兴娥编著 .
2 版 . -- 南昌：江西人民出版社，2024. 11. -- （韩兴娥
课内海量阅读丛书）. -- ISBN 978-7-210-15324-5

Ⅰ . G624.203

中国国家版本馆 CIP 数据核字第 20248R38S4 号

版权登记号：14-2016-0112
本中文简体字版图书由台湾萤火虫出版社授权江西人民出版社独家出版。

成语笑话 1（第 2 版）　　　　　　　　邹敦怜　林丽丽　韩兴娥　编著

CHENGYU XIAOHUA 1（DI 2 BAN）

策 划 编 辑：杨　帆
责 任 编 辑：吴丽红　胡文娟
书 籍 设 计：白　冰　游　珑

江西人民出版社　出版发行
Jiangxi People's Publishing House
全国百佳出版社

地　　　　址：江西省南昌市三经路 47 号附 1 号（邮编：330006）
网　　　　址：www.jxpph.com
电 子 信 箱：jxpph@tom.com
编辑部电话：0791-86899133
发行部电话：0791-86898815
承 印 厂：江西千叶彩印有限公司
经　　销：各地新华书店

开　　　　本：787 毫米 × 1092 毫米　1/16
印　　　　张：9.5
字　　　　数：120 千字
版　　　　次：2017 年 5 月第 1 版　2024 年 11 月第 2 版
印　　　　次：2024 年 11 月第 1 次印刷
书　　　　号：ISBN 978-7-210-15324-5
定　　　　价：22.00 元
赣版权登字 -01-2024-583

目录

自序

一

　　成语是汉语的精练呈现，是中华文化隽永的智慧，是古人的哲理巧思。每一则成语，都给阅读者提供了深刻的意境，以及难以言传的语感表现。透过一个个典故、传奇、故事，成语同时也展现了文字的精致之美。

　　在教学中，教师常喜欢引导学生恰当地使用成语。无论是作文还是说话，运用成语常有画龙点睛的效果。但是，要怎样让学生与成语的接触更有趣？我们想到了"笑话与成语"的组合。

　　在这本书中，基本每一篇都分成四个部分：

　　首先呈现给广大读者的是一个幽默谐趣的笑话。把常用的成语巧妙地融入笑话中，可以让学生从具体情境中，了解成语的意义及其用法。

"成语意思猜一猜"列出了前面笑话中所运用到的成语的释义。它以游戏的方式，让学生来猜出相应的成语，拓展成语的延伸意义，让读者知道成语更深刻的含义。

　　"成语运用猜一猜"设计了句子或短文，让读者小试身手，引导其运用本篇所学习的成语，促使他们更熟练地运用成语。

　　"成语万事通"延伸了本篇所列成语的课外知识，包括历史事件、典故由来、寓言故事、神话传说、作品名句，与成语有关的科学、人文、社会等知识，让学生在认识成语的同时，能更伸展学习的触角。

　　以笑话为载体，让所有学习者一窥成语世界的神奇奥妙，进而引发对学习语文的兴趣，这是一条事半功倍的捷径。希望有更多的人共襄盛举，把这样的理念、想法，运用在课堂上、亲子互动中，让更多美好的语言文字，装点我们的生活，丰富我们的世界。

邹敦怜　林丽丽

自序

二

本书于 2017 年 5 月出版，7 年来，重印过多次。每次重印，编者都会根据读者反馈对内容作出适时适当的修改、调整和补充，使之更趋完善。此次再版，我们也对编校方面的讹误作了订正，以期更适合广大读者朋友使用。

说起与本书的渊源，我还记得那是 2013 年的暑假，北京图书大厦书架上的一套《看笑话 学成语》进入我的视线。我随手翻开，一眼就断定——这就是我们要找的书！它是为"课内海量阅读"量身定做的书！真佩服邹敦怜、林丽丽这两位台湾教师，她们让孩子们在笑声中学习成语，这是多么巧妙的构思！没想到海峡对岸的同胞竟然与我如此心有灵犀！于是，我毫不犹豫地买下一套，并邀请几位好友改编和试教。

在改编过程中，我们发现一个笑话中只有四个成语，似乎太少了！于是，我们绞尽脑汁地添加成语、改编笑话，希望用最短的篇幅给予孩子最丰富的语言，又不失原文的无穷妙趣。

改编工作持续了两个暑假。伴着腰酸背痛，我们美滋滋地憧憬：这套"不用老师教，学生就能自学"的书呈现在孩子们面前时，他们边笑边读，边读边笑，阅读的快乐氛围弥漫整个教室。我们禁不住偷偷乐起来！

改编后的书稿首先进入了我们自己的课堂。果然，我们欣喜地看到，孩子们一会儿哈哈大笑，一会儿沉思静读，完全沉浸在书香墨韵之中。看到孩子们学习得兴致盎然，老师教得轻松愉悦，我们所有的辛苦皆化成甜蜜的幸福。

在教学过程中，我们发现这套书为孩子在阅读和写作之间搭建了一座桥梁，能够有效地激发他们使用语言的自觉意识和强烈欲望。通过学习这套书，孩子们能达到这样一种状态：学了成语，仿佛新获宝剑，时刻捕捉战机，一有机会，即用之而后快。有了这样的意识和欲望，才能形成自觉运用语言的习惯，才能学好语言。

于是，我们为每本《成语笑话》都做了课件，通过课件向学生展示学习方法。单个故事的学习过程是：

1. 听笑话故事；

2. 自己练习讲故事；

3. "开火车"口头填成语；

4. 看成语接力讲故事。

笑话故事的录音可以到喜马拉雅上免费收听，也可以由学生录音。老师可以按进度一个单元、一个单元地放给学生听，也可以把整本书的录音全部放给学生听；可以由老师或学生现场朗读，也可以由几个学生事先排练然后分角色朗读。听完故事后，师生可以讨论故事笑点在哪里，然后齐读成语。

学生在自己练习讲故事的这个环节，可以复述书上的笑话故事，也可以用笑话故事中的成语创编故事。"开火车"口头填成语可以进一步巩固成语。课件上每五个故事提供一课"口头填成语"，供老师和家长抽查。学生只要能读熟并复述故事，做这个练习轻而易举，就不用专门练习。

看成语接力讲故事可以提高学生复述和创编故事的能力。为了便于学生自学、老师教学，整本书每一个故事的成语都配有课件。在课堂上，有的学生讲故事不按书中的情节，但总有学生能给故事编出一个圆满的结尾。感觉故事讲不下去时，就是学生最期待的时候。

特别指出："开火车""接力"可以方便老师快速检查学生的掌握情况。要落实每一个学生的达标情况，老师要在课堂上将"开火车""接力"检查和个别检查结合起来。在"开火车""接力"的检查过程中，全体成员都通过了的合作小组可以获得"免试"资格。这样能有效地促进小组成员之间的互帮互学。

通过一节课、一组笑话故事的学习，学生就能了解自学的方法，摸索出老师检查的规律，从而进行自学和小组合作学习。从第二单元的笑话故事开始，老师就不必总打开电脑，只需利用课件检查学生对故事的学习情况。

学习几个单元的笑话或一本书后，就安排一次"阶段书面运用竞赛"，即合作小组四个成员看着答案中的成语，在限定的时间内用老师给出的成语写句子或段落，一共能运用多少个成语，小组就能得到相应的分数。于是学生竞相应用，合作小组成员主动交流如何学以致用，以求自己的小组得到高分。

以上是我喜欢的，我的学生也习惯的"课内海量阅读"学习方法，我们一个多星期可以学完一本《成语笑话》。没有"海读"基础的班级可以一个单元、一个单元地慢慢学，用两到三个星期学完一本。

学习的流程也可以这样安排：

1.**预习。**老师提前给合作小组排出"讲课表"，小组成员在课前演练如何"讲课"。可以轮流上台复述故事，可以全组成员分角色朗读，或者表演读……老师鼓励学生提前用大纸写好或在黑板上板书笑话中的成语和生疏的字词，便于边讲边指这个词，带领全班同学诵读。这些资料可以保存起来，留待"阶段书面运用竞赛"时用。

2.讲述。上课时，各小组派代表上台，采用不同的形式讲笑话。老师鼓励学生不仅要把这个笑话中出现的成语都用上，还要尽可能地增加成语。同时，要把"笑点"讲明白，还可以向台下学生提问，台下学生也可以质疑问难。

3.自测。学生看书自测某单元笑话中的"成语意思猜一猜""成语运用猜一猜"。

4.强化。把某单元笑话中有一定难度的"成语意思猜一猜"打乱顺序投映到屏幕上，进行强化练习。不喜欢经常打开多媒体的老师可以每周利用一节课进行集中强化练习。

5.运用。把当堂所学的成语排列在黑板或屏幕上，也可以看着书后面"参考答案"中的相关成语，让学生说几句或一段话，看看能用上其中多少个成语，并以小组为单位计分。

6.阶段练习。每学几组笑话或一本书，可以组织一次"阶段书面运用竞赛"。不论学习的速度快或慢，"阶段书面运用竞赛"都能促进互帮互学，还能促进阅读能力向写作能力的转化。

课堂上要挤出时间给学生展示和分享。学生可以创作图画让大家猜成语，可以找一找本组成语的同义或反义成语，还可以运用学过的成语写日记或合作写循环日记……

走在"海读"路上的日子里，总是期盼着孩子们笑着，读着，表演着，创造着……

韩兴娥

2024 年 11 月

上课流程

1 预习

2 讲述

3 自测

4 强化

5 运用

6 阶段练习

教无定法，希望师生共创有创意的学习流程

01

第一单元

第 1 篇

花枝意面

　　小明喜欢品尝各种美食。有一次,他在逛(guàng)夜市时,看到一家小店招牌上写着"花枝意面"。小明疑惑(huò)不解:"面条里面怎么会有'花枝'呢?"

　　店里高朋满座,人声鼎(dǐng)沸,小明按捺(nà)不住好(hào)奇,也叫了一碗,满心期望能吃到"花枝"。吃了半碗,小明才发现:咦?怎么里头根本没有"花枝"?他觉得自己上当受骗了!

　　小明端着碗,到老板娘面前兴(xīng)师问罪:"我叫的是花枝意面,碗里根本没有花枝!"

　　老板娘一点儿也不在意,笑容可掬(jū)地说:"花枝是我的名字啦!"

成语意思 猜一猜

1. ＿＿＿＿＿＿：比喻自觉有理,向人理论责难。

2. ＿＿＿＿＿＿：形容宾客众多。

3. ＿＿＿＿＿＿：形容人的复杂情感控制不住,终于表露出来。

4. ＿＿＿＿＿＿：形容满面笑容,令人亲近。

5. _____：指不懂、不明白、很迷惑的意思。

6. _____：形容人声嘈（cáo）杂,如沸腾的水声一样。

成语运用

猜一猜

1. 得到了老师的表扬,我_____喜悦的心情,飞快
   地跑回家告诉了妈妈。

2. 他喜欢结交朋友,家里总是_____。

3. 姐姐总是_____的,怪不得这么受欢迎。

4. 他气冲冲地跑过来,不知道要向谁_____。

5. 适逢百货公司周年庆,各个楼层都_____,好不
   热闹!

6. 彩虹为什么会在雨后出现? 我感到_____。

成语 万事通

重要的鼎

　　鼎一般用青铜制成,大多又大又重。所以我们用"鼎鼎有
名"称赞有名的人;得到别人的帮助,我们可以说得到了他们
的"鼎力相助";鼎在沸腾时会发出声响,形容人声嘈杂,就
用"人声鼎沸";鼎有三只脚,如果三方的势力不相上下,我
们就用"鼎足而立"来形容。

第 2 篇

便衣警犬

　　李先生一直想拥有一只警犬，当他看到"出售优良'警犬'"*的广告后，就**兴高采烈**地把钱汇给了对方。

　　没想到几天后，送来的却是一只再普通不过的杂种犬。李先生**火冒三丈**，打电话**大张挞伐**（tà fá）："我要退钱，这么不起眼的狗，你们竟然**大言不惭**地说是优良警犬！"对方却**不以为然**地回答："请不要**以貌取人**，警犬也有很多种。我卖给你的是便衣警犬，它必须伪装成普通的狗，才不会暴露身份。"

　　*注：根据国家相关规定，警犬是不得随意出售的。

成语意思 猜一猜

1. ＿＿＿＿＿＿：不认为是对的，表示不同意。

2. ＿＿＿＿＿＿：说大话而不觉羞愧。

3. ＿＿＿＿＿＿：发动军队去讨伐对方的罪过，也指对人进行攻击或声讨。

4. ＿＿＿＿＿＿：形容兴致勃勃、情绪激昂的样子。

5._____：形容愤怒到极点。

6._____：用外貌来判断人的能力和品质。

成语运用
猜一猜

1. 你为什么对一个心地如此善良的人_____呢？
她难道曾经得罪过你吗？

2. 他得了大奖，_____地打电话回家。

3. 在世界冠军面前，你竟敢_____地说自己天下无
敌手！

4. 要懂得欣赏他人的内涵（hán），不要_____，才
能结交到知心的朋友。

5. 他做错了事，还是一副_____的样子，妈妈气得

_____。

成语万事通

奇妙的数字"三"

在成语中出现的"三"，常有"多次"的意思，如狡兔三窟、
一日三秋。和"三"相连的"二"和"四"，常一起出现在成
语里，如三心二意、三言两语、三长两短、推三阻四、朝三暮四、
不三不四、低三下四……"三"真是一个奇妙的数字！

第 3 篇

两只脚的是家禽

上一年级的弟弟不知道怎样分辨（biàn）家禽（qín）和家畜（chù）。

这么简单的事情怎么可能不会呢？姐姐觉得**不可思议**，她**灵机一动**，想到一个简单的辨识方法："有两只脚的是家禽，有四只脚的是家畜。"说完，只见弟弟懵（měng）**懵懂懂**地点点头。姐姐不放心，再问弟弟："有一种动物，它有两只脚，每天早上太阳公公出来时，它都会叫你起床。你猜是哪一种动物？"

弟弟冥（míng）**思苦想**了很久，才恍（huǎng）**然大悟**："我知道了,是妈妈！"

成语意思
猜一猜

1.＿＿＿＿＿＿：糊里糊涂，什么也不知道。

2.＿＿＿＿＿＿：深沉地思索。

3.＿＿＿＿＿＿＿＿＿：突然出现的巧妙心思。

4.＿＿＿＿＿＿＿＿＿：忽然明白。

5.＿＿＿＿＿＿＿＿＿：形容事物不可想象或不可理解。

 **成语运用**
猜一猜

小明觉得月食的现象很＿＿＿＿＿＿＿＿＿，即使看了书上的解释，也还是＿＿＿＿＿＿＿＿＿的。爸爸＿＿＿＿＿＿＿＿＿了半天也没想出用什么办法解答。突然电视节目上出现的探照灯使爸爸＿＿＿＿＿＿＿＿＿，他想到把手电筒当作太阳，皮球当作地球来做实验。通过观察，小明终于＿＿＿＿＿＿＿＿＿，明白了月食现象是怎么形成的。

 **成语 万事通**

成语中不同的"思考"

很多成语与"思考"有关。"不可思议"思考的是想都没想过的事情，"一知半解"是对事情理解得不够透彻，"灵机一动"是忽然涌现的灵感，"恍然大悟"描述的是突然想通的感觉，"不假思索"的思考是毫不费力的，"见异思迁""心猿意马"是拿不定主意的思考，"刻骨铭心"是指能留下深刻印象的思考。你还知道哪些和"思考"有关的成语呢？

第 4 篇
还好带了外套

张大哥是个做事**一板一眼**的人。有一次，他和女朋友李小姐约好上山去看夜景。他们傍晚出发，到了晚上，山上气温骤（zhòu）降，变得**滴水成冰**。

李小姐故意瑟（sè）瑟发抖，装出**弱不禁**（jīn）**风**的样子，说："怎么这么冷啊！我忘了穿外套啦……"张大哥一听**眉开眼笑**，从背包里拿出一件外套，说："还好，**我有备无患**……"

李小姐顿时被幸福的暖流击穿了，等着张大哥**含情脉**（mò）**脉**地为自己披上外套。没想到张大哥一下子就把外套穿在了自己身上，并**心满意足**地说："不然，我会跟你一样被冻僵（jiāng）的！"

成语意思 猜一猜

1. _____：水滴下去就结成冰。形容天气十分寒冷。

2. _____：形容做人做事很古板，不懂变通。

3. _____：比喻非常满足。

4. _____：眉头舒展，眼含笑意。形容十分高兴的样子。

5. _____：事前有充分的规划与准备，可以避免失败和祸患。

6. _____：形容身体娇弱，连风吹都经受不起。

7. _____：饱含温情，默默地用眼神表达自己的感情。

 **成语运用**
猜一猜

1. 梅雨季节，在书包里放把小伞，才能_____，避免被雨淋湿。

2. 只要心意真诚，一张卡片也能让妈妈_____。

3. 叔叔阿姨两个人彼此_____地对视，不管周围的人怎么起哄（hòng）也听而不闻。

4. _____的人一定不会想出这么灵活的点子。

5. 你在_____的严冬出差（chāi），而且目的地还是哈尔滨，一定要_____，带上暖和（nuǎn huo）的衣服。

6. 他听到自己得奖的消息时_____。

7. 你_____，更应该多运动。

 **成语** 万事通

什么是"板""眼"？

"板""眼"是中国传统音乐中的节拍，"板"是强拍，"眼"是弱拍。古代乐曲中有"一板一眼""一板三眼"两种节拍。

第 **5** 篇

请假的理由

丁丁是个懒惰（lǎn duò）的孩子，尤其是每到星期一，他总是**千方百计**逃学，这样就可以不交双休日的家庭作业，以免被老师责备。

星期一早上，丁丁又装出**有气无力**的样子，说："妈妈，我今天能不能留在家里呀？我觉得不舒服。"

妈妈一听**心急如焚**（fén），先摸摸他的额头，又找出体温计给他量体温。咦？一切正常，没有生病的征兆（zhēng zhào）啊。

妈妈**半信半疑**地问："你觉得什么地方不舒服啊？"

丁丁**吞吞吐吐**地说："学……学……校……"

成语意思猜一猜

1.＿＿＿＿＿＿：心里急得像着了火一样。形容非常着（zháo）急。

2.＿＿＿＿＿＿：有气息而没有力气。形容虚弱无力或精神不振。

3.＿＿＿＿＿＿：对事情抱着怀疑的态度，不完全相信。

4._____：形容用尽各种方法和计策。

5._____：说话不直接，想说又不说的样子。

 成语运用
猜一猜

1.你说话为什么总是_____的，不能干脆一点儿吗？

2.诈骗集团_____骗取别人的财物，我们要时时提高警惕（jǐng tì），以免上当。

3.每次长跑后，他都_____的，连饭也吃不下。

4.你既然对她提供（gōng）的方法_____，那么为什么不照着自己当初的想法去做呢？

5.一觉醒来，发现到了上课时间，小明_____地冲向学校。

 成语万事通

成语中的"千"和"百"

"千"和"百"组成的成语，假如把另外两个字单独抽出来，可以发现它们的意思常常有所关联。比如形容破烂不堪的"千疮百孔"，形容姿态美丽的"千娇百媚"，比喻经过许多锻炼的"千锤百炼"，形容完全顺从的"千依百顺"，还有"千奇百怪""千回百转"等。

第 6 篇

我自由吗?

有一个年轻人,大学毕业后,因为拥有**一技之长**,很快就找到了工作。可是,上班不到三个月,他就厌倦了上班族**一成不变**的生活。他总是**愁眉不展**地喃(nán)喃自语:"自由,自由,我想要自由的生活!"

最后,他想到高举火把、象征自由的自由女神,就跑到自由女神的雕像前,想知道怎样才能得到自由。

自由女神**爱莫能助**地问他:"你看我自由吗?"

成语意思
猜一猜

1.＿＿＿＿＿＿＿：比喻虽然内心想帮助,但限于力量或条件,无能为力。

2.＿＿＿＿＿＿＿：指守旧不变或固守陈法。形容连一点变化都没有。

3.＿＿＿＿＿＿＿：由于忧愁而双眉紧锁。形容心事重(chóng)重的样子。

4.＿＿＿＿＿＿＿：具有某种技能或专长。

5.＿＿＿＿＿＿＿＿：小声地自己跟自己说话。

成语运用 猜一猜

1. 大雨下个不停，农田都被雨水淹没（mò）了，农民伯伯个个
　＿＿＿＿＿＿＿＿＿＿，不知道该怎么办才好。

2. 他在餐厅已学得＿＿＿＿＿＿＿＿，将来也想当个大厨。

3. 只要勇于尝试，就能让＿＿＿＿＿＿＿＿＿的生活增添新意。

4. 不知他遇到了什么不开心的事，这几天总是魂不守舍地
　＿＿＿＿＿＿＿＿。

5. 这次考试，她的成绩很不理想，发下考卷后，她就一直哭
　泣（qì），同学们都＿＿＿＿＿＿＿＿。

成语 万事通

调皮的数字"一"

　　许多成语都包含数字，绝大多数成语中的数字都是非确指的。"三"在成语中多表示"多"的意思，而"一"在成语中常用来表示"少"的意思,如一丝一毫、一毛不拔、一点一滴、一朝一夕、一针一线、一知半解、一鳞半爪、九牛一毛等。

第 7 篇

今天不一样

一年级的小英**眉清目秀**的，非常讨人喜欢。有一天，她上完厕所后在洗手台前洗手，正巧被谢老师看见了。谢老师心里想："这么自觉讲卫生的孩子，现在已经**屈指可数**了，真是难得！"

第二天，谢老师发现小英还是上完厕所就洗手，于是决定让全班的小朋友向她学习。

第三天，谢老师带全班同学悄悄来到厕所边，观看小英上完厕所后的表现。可是，这次小英上完厕所居然没有洗手。老师**百思不解**，想知道事情的**来龙去脉**（mài），就问小英："你今天怎么没有洗手啊？"

小英回答："今天不一样啊，我今天带卫生纸了。"

成语意思
猜一猜

1. ＿＿＿＿＿＿：反复思考，仍然不能理解。

2. ＿＿＿＿＿＿：弯着指头就可以数清楚，形容数量很少。

3. ＿＿＿＿＿＿：比喻人物的来历或事情的前因后果。

4. _____：形容人的容貌清秀俊美。

成语运用

猜一猜

1. 尽管他已经把事情的_____说了好几遍，大家还
   是不相信他的话。

2. 已经遗（yí）失的东西，怎么又会好端端地出现在桌子上呢？
   这件事让我_____。

3. 妹妹长得_____的，大家都说她像个洋娃娃。

4. 我每天都走路上学，坐出租车到学校的次数_____。

成语 万事通

成语中的"龙"

　　龙是中国传说中的神异动物，崇高、神
秘、稀有，所以含"龙"的成语都有类似的
含义。如"**龙飞凤舞**"可以形容山势的壮丽
或书法作品笔势生动活泼，"**人中之龙**"用
来赞美豪杰之士，"**龙腾虎跃**"则用于形容活泼矫健的身手，"**龙
凤之姿**"形容帝王的神态。

第 8 篇

肉配饭

很久很久以前，王大叔**家徒（tú）四壁**，生活困苦，每餐能吃到米饭就已经很不错了，没有多余的钱买肉。

有一天，王大叔家年纪最小的小宝**馋涎（chán xián）欲滴**，**痛哭流涕（tì）**地吵着要吃肉。

王大婶心疼小孩，可是也**无能为力**，只好搂着小宝，指着墙上一张有红烧肉的图画，说："别哭别哭，等一下吃饭时，可以吃一口饭，看一次红烧肉，就会尝到肉的味道了。"

才吃了几口饭，小宝就气呼呼地指着大宝，说："妈妈，刚刚哥哥多看了一次红烧肉！"

王大婶**神态自若**地回答："小宝是好孩子，不跟哥哥抢，他就是一个小贪吃鬼！"

成语意思猜一猜

1.＿＿＿＿＿＿＿：馋得口水都要滴下来了。形容极其馋的样子。

2.＿＿＿＿＿＿＿：形容非常悲伤，涕泪交加的样子。

3.＿＿＿＿＿＿＿：态度自然从容，形容遇事不惊慌。

4. _____：对某事没有办法，帮不上忙。

5. _____：形容家境贫困。

 成语运用
猜一猜

1. 他胆子真大，明明做了坏事，还是_____。

2. 高明的医生遇到不肯合作的病人，也_____啊！

3. 他常说自己_____，即使小偷上门，也偷不到什么东西。

4. 杀人犯_____地请求受害人家属的原谅。

5. 今天妈妈做的菜色香味俱全，我和爸爸_____。

 成语万事通

成语中的"穷困"

除了"家徒四壁"以外，还有许多成语形容"穷困"。例如，"贫无立锥（zhuī）"，穷得连一小块站立的地方都没有；"罗雀掘鼠"，穷到得捕捉野雀、老鼠才能换取财物；"箪瓢（dān piáo）屡空"，穷到饭筐、水瓢常是空的；"衣衫褴褛（lán lǚ）"，穷到衣服都破烂不堪；"蓬户瓮牖（wèng yǒu）"，穷到只能用蓬草编门，用破瓮做窗户。

第 9 篇

粗　绳

有一天,陈女士**怒不可遏**(è)地冲进"洗衣大王"洗衣店,对着老板**咆哮**(páo xiào)**如雷**:"你们标榜自己是'洗衣大王',看看这个'杰作',你们**责无旁贷**(dài),一定要赔偿(péi cháng)!"说完,陈女士往桌上扔了一样东西。

老板看了看说:"女士,为什么赔偿啊?我看这条粗绳很好啊!"

"粗绳?"陈女士冷笑一声说,"我送来的是床单,被你们洗成粗绳了,这下子你们**百口莫辩**(biàn)了吧!"

成语意思 猜一猜

1._____:自己应尽的责任,不能推卸(xiè)给别人。

2._____:愤怒地难以抑(yì)制。形容十分愤怒。

3._____:形容人或动物暴怒喊叫的神态。

4._____:形容很难辩解清楚。

成语运用
猜一猜

1. 看到他这张可耻的嘴脸,我_____。

2. 这项工作是你负责的,现在出了问题,你_____,
别想推卸责任。

3. 我到底做错什么事,让爸爸_____,气得不肯吃饭。

4. 人证物证都在,现在你_____了吧?

成语万事通

成语中的"生气"

　　生气时照一照镜子,你知道自己是一副怎样的表情吗?是"咬牙切齿""柳眉倒竖"还是"怒目相视"?生气时,一定不能好好地说话,也许是像猛兽大叫、雷声大响的"咆哮如雷",也许是言语激烈、神情严肃的"疾言厉色"。你还记得自己生气时的感觉吗?是觉得头发都要竖起来,把帽子顶起来一般的"怒发冲冠",还是身体像要冒火似的"火冒三丈""七窍生烟"?

　　已经有科学家证实,生气时人的判断和思考能力会大打折扣,如果常生气,身体的免疫力也会跟着降低。因此,想生气时,先做几次深呼吸,看看能不能让自己不生气。

第 10 篇

狗妈妈的期望

许先生养的狗**能歌善舞**。有个影视经纪人**将信将疑**，就叫小狗当场表演。

结果，音乐响起时，小狗真的能载（zài）**歌载舞**，经纪人**目瞪口呆**地看着，打起了**如意算盘**："假如这只狗能上电视，一定能**一举成名**。"想到将来可能**日进斗**（dǒu）**金**，经纪人**喜形于色**，拿出合约希望赶快跟许先生签约。没想到忽然一条大狗冲进来，把小狗衔（xián）走了。

经纪人问："这是怎么回事？你快想办法啊！"

许先生**束手无策**地说："唉！没办法，狗妈妈希望她儿子成为一个医生而不是演员。"

成语意思 猜一猜

1. ＿＿＿＿＿＿：内心的喜悦表现在脸上。

2. ＿＿＿＿＿＿：一天能收进一斗黄金。形容发大财，十分富有。

3. ＿＿＿＿＿＿：一边唱歌，一边跳舞。形容尽情欢乐。

4. ＿＿＿＿＿＿：比喻遇事无法应付。

5. ＿＿＿＿＿＿＿＿＿：形容因吃惊或害怕，突然愣住的样子。

6. ＿＿＿＿＿＿＿＿＿：擅（shàn）长唱歌和跳舞，多才多艺。

7. ＿＿＿＿＿＿＿＿＿：有点相信，又有点怀疑。

8. ＿＿＿＿＿＿＿＿＿：比喻完全按主观意愿出发，只从好的方面做出打算。

9. ＿＿＿＿＿＿＿＿＿：比喻一经成功而声名大噪（zào）。

成语运用 猜一猜

1. 拆开信封，看到里面的录取通知，他＿＿＿＿＿＿＿＿，大声欢呼。

2. 我校少年棒球队第一次参加全国竞赛，竟然打败了上一届的冠军，可以说是＿＿＿＿＿＿＿＿。

3. 她的古怪装扮，让大家看得＿＿＿＿＿＿＿＿，不知道该说什么。

4. 火势来得又凶又猛，连消防队员都＿＿＿＿＿＿＿＿。

5. 她＿＿＿＿＿＿＿＿，是剧团的骨干。

6. 一开始我＿＿＿＿＿＿＿＿，亲眼所见之后我相信了他的话。

7. 你要踏踏实实做事，而不是整天做＿＿＿＿＿＿＿＿的美梦。

8. 晚会上，我们穿着节日盛（shèng）装，＿＿＿＿＿＿＿＿，欢庆节日。

9. 他的＿＿＿＿＿＿＿＿落空了，不禁恼羞成怒。

02

第二单元

第 11 篇
会第二语言的猫

　　有一只聪明灵巧的小老鼠，只要一听到猫的声音，就会以**迅雷不及掩耳之势**躲起来，每次都**安然无恙**（yàng）。小老鼠的这个功夫，让它**轻而易举**地成为老鼠族群的偶像。

　　有一天，小老鼠听到猫叫声，就赶紧躲进洞里**屏**（bǐng）**气凝神**。没多久小老鼠又听到狗的叫声，它心想：猫怕狗，狗来了，猫一定会跑掉的。于是便出来了。

　　没想到老鼠一钻出洞，就被在洞口**守株待兔**的猫捉住了。老鼠**百思不得其解**，明明听到的是狗叫声，怎么变成了猫呢？猫得意地笑笑，**不疾不徐**地说："这年头，不会两种语言，怎么活下去？"

成语意思猜一猜

1.＿＿＿＿＿＿：形容注意力高度集中。

2.＿＿＿＿＿＿：很轻松地举起来。形容做事情毫不费力。

3.＿＿＿＿＿＿：雷声来得非常快，连捂耳朵都来不及。比喻行动或事情突然而来，使人来不及防备。

4. _____：不急不慢。形容从容不迫的样子。

5. _____：原指人平安没有疾病或灾祸。现泛（fàn）
指人或事物平安未遭损害。

6. _____：比喻坐等时机，希望不劳而获。

7. _____：指经过百般思索仍旧不能理解，表示对事
情感到十分意外。同"百思不解"。

 **成语运用**
猜一猜

1. 他在地震的废墟（xū）中_____地活了下来，
真是个奇迹。

2. 光想坐待机会，不思发展创造，这种_____的态
度，怎么能赢（yíng）得胜利？

3. 这次考试对我来说_____，请不用为我担心。

4. 晚饭后散步，我们_____地边走边聊（liáo）。

5. 爸爸气得大呼小叫，我吓得_____，不敢说，不
敢动。

6. 我们要以_____对敌人发起突然袭（xí）击，
才有可能转败为胜。

7. 一向勤奋好学的小东竟然会逃学，这让老师_____。

第 12 篇

祝福语

德高望重的张家夫妇在家请客。宾客都是**一时之选**，餐桌上又都是**山珍海味**，这些都让张老太太觉得很风光。为了展现自己的家庭教育成果，开饭前，她要 5 岁的孙子给大家来一段祝福语。

"不要。"孙子**垂头丧气**地说，"我不知道该说什么祝福语才好！"

张老太太鼓励他："你只要说些我讲过的话就可以了！"

小男孩只好**言听计从**，说："啊，天哪！为什么我非得（děi）在这种大热天请客，烦死人了！"

成语意思 猜一猜

1. ＿＿＿＿＿＿＿：什么话都听从，什么主意都采纳（nà）。
　　　　　　　　 形容对某人十分信任。

2. ＿＿＿＿＿＿＿：比喻丰盛的菜肴（yáo）。

3. ＿＿＿＿＿＿＿：形容遭受挫折（cuò zhé），神情沮（jǔ）
　　　　　　　　 丧的样子。

4. ＿＿＿＿＿＿＿：称颂别人德行高尚，受人尊敬。

5.＿＿＿＿＿＿＿：指某一时期的优秀人才。

成语运用
猜一猜

1. 输了比赛，选手个个＿＿＿＿＿＿＿，觉得愧（kuì）对大家的期望。

2. 参加这场餐会的人士都是＿＿＿＿＿＿＿，你要好好向他们请教一番。

3. 再多的＿＿＿＿＿＿＿也比不上妈妈亲手做的菜肴。

4. 他们找来＿＿＿＿＿＿＿的教授当这个健康食品的代言人，吸引了不少消费者的目光。

5. 爸爸平日对妈妈＿＿＿＿＿＿＿，但妈妈一旦对爷爷奶奶不孝敬，那他就生气了。

成语 万事通

吃出自己的"山珍海味"

民以食为天，与饮食有关的成语不少，从这些成语中，常可以看出不同的人生态度。有人"食不厌精"，对食材、烹（pēng）调方法都讲究得不得了；有人"餐松饮涧（jiàn）"，越是隐蔽（bì）简单的生活，越能让他满足；有人"哺糟啜醨（bǔ zāo chuò lí）"，有什么就吃什么，一切甘之如饴（yí）；有人却是"食旨不甘"，因为心中有牵挂，常常白白地糟蹋了美好的食物。

第 13 篇

发作业本

嘉（jiā）嘉有一天**自告奋勇**要帮老师发作业本。她捧起一叠（dié）本子，**有板有眼**地念着同学们的名字："李大同、林美美、朱小晴、王肚皮、沈一倩……"嘉嘉发到最后，还剩下一本没人来拿。

这时，只见平常**粗枝大叶**的王月坡同学**心急火燎**（liǎo）地问："嘉嘉，我的作业本怎么没发？"

嘉嘉看着手中的本子，说："这本不是你王月坡的呀，而是'王肚皮'的！王肚皮，王肚皮，快来拿本子……"

成语意思猜一猜

1. ＿＿＿＿＿＿：比喻做事不仔细。

2. ＿＿＿＿＿＿：自己要求担任某种艰巨的任务。

3. ＿＿＿＿＿＿：心里急得像着了火一样。形容非常焦急。

4. ＿＿＿＿＿＿：形容言行有条理，有秩序。

成语运用
猜一猜

1. 尽管路途遥远,他还是_____地愿意为大家跑一趟。

2. 想不到平时_____的他,竟然会想出这么细腻(nì)的点子。

3. 弟弟才学了半年钢琴,弹起曲子已经是_____,让人忍不住为他喝(hè)彩。

4. 看他_____的样子,一定是又遇到什么麻烦事了。

 成语 万事通

与"树木"有关的成语

许多成语和树木的根、茎、叶等相关。扎根较深的植物,遇到风雨不易倾倒,所以用"**根深蒂固**"来形容事物的根基深厚坚固;一棵树的细小枝节多得数不清,"**枝枝节节**"就是用来形容细碎繁杂的事物;秋叶飘落预示气候要变,当我们从细微推知全局发展时,可以用"**叶落知秋**"来形容;落叶化作肥料,被根吸收,这种"**落叶归根**"的现象,也用来形容人老了,回归故乡。从这些成语中,我们可以看出古人对植物的观察非常细致。

第 14 篇
好心的人

侯小姐有**沉鱼落雁**的美貌，又十分**善解人意**，唯一**美中不足**的是：她常会忍不住放屁。

有一天，侯小姐坐公共汽车上班，几个对她**一往情深**的追求者也跟着搭上公共汽车。

上了车没多久，侯小姐就忍不住放了一个屁。这时，身边一位**风度翩**（piān）**翩**的男士很机警地说："这个屁是我放的。"这位男士巧妙地替侯小姐解了围，侯小姐感激地对他莞（wǎn）尔一笑。

过了没多久，侯小姐又**按捺不住**"噗（pū）——"地放了好大一个屁。这个屁又响又臭，侯小姐**面红耳赤**，不知道该怎么办才好。

这时，另一位男士站起来，大声地喊："这个屁是我放的，以后这个小姐放的屁，都算我的！"

成语意思猜一猜

1.＿＿＿＿＿＿＿：形容因紧张、急躁（zào）、害羞等而脸上发红的样子。

2.＿＿＿＿＿＿＿：微微一笑。多用于女性。

3.＿＿＿＿＿＿＿：形容女子的容貌美丽。

4.＿＿＿＿＿＿＿：指事物虽美好，但稍有缺陷（xiàn）。

5.＿＿＿＿＿＿＿：形容男子的举止气度非常优雅。

6.＿＿＿＿＿＿＿：很能体谅人，很能体贴人，会换位思考。

7.＿＿＿＿＿＿＿：指对人或对事物倾（qīng）注了很深的感情，向往而不能克制。

 **成语运用 猜一猜**

1. 奶奶虽已年近八旬，但对海外的爷爷仍然＿＿＿＿＿＿＿＿＿。

2. 听到别人对她的指责，她忍不住＿＿＿＿＿＿＿＿＿地与人争辩起来。

3. 这场宴会唯一＿＿＿＿＿＿＿＿＿的是准备好的烟花因为下雨没能放成。

4. 想不到几年前毛毛躁躁的小伙子，居然成了＿＿＿＿＿＿＿的绅（shēn）士。

5. 她虽然没有＿＿＿＿＿＿＿的美貌，但那颗＿＿＿＿＿＿＿的心仍然让她大受欢迎。

6. 年轻的女老师听到学生精彩的回答后＿＿＿＿＿＿＿＿＿，露（lù）出洁白的牙齿。

第 15 篇

阿 婆

　　目不识丁的阿婆自己搭公共汽车，她一上车，就告诉司机自己要到哪儿，并且坐在司机正后方的座位上。车子停了两次，每次都有人下车，**急不可耐**的阿婆担心司机**丢三落（là）四**，忘了自己的嘱（zhǔ）托。从第三站开始，每次车子一停，她就用雨伞戳（chuō）一戳司机："司机，司机，到了没有？这是哪里？"头几次，司机都**心平气和**地回答："还没到啦！到了我会告诉你。"

　　可是每次停车，阿婆**依然如故**地戳戳司机问一问。司机觉得有点烦，当阿婆又用雨伞戳他并问这是哪里时，他没好气地回答："这里是我的屁股！"

成语意思 猜一猜

1. ＿＿＿＿＿＿：仍旧和从前一样，指情况依旧，没有任何变化。

2. ＿＿＿＿＿＿：急得不能等待。形容十分急迫。

3. ＿＿＿＿＿＿：态度平静温和。指遇事不急躁，心态平和。

4. ＿＿＿＿＿＿：形容人没文化，一个字也不认得。

5. _____：形容人健忘，常遗漏事情。

成语运用
猜一猜

1. 请不要发脾气，_____地把话说清楚。

2. 他整天心不在焉（yān）的，常_____，总要人在一旁时时提醒。

3. 原本_____的老先生，在孙儿的热心指导下，已经会看书看报了。

4. 我拿着重点大学的录取通知书_____地飞奔（bēn）回家，把这个好消息跟爸爸妈妈分享。

5. 回到阔别三十年的校园，百年老校的风景_____，却见不到我熟悉的老师和同学。

 **成语万事通**

你的眼睛会说话

　　眼睛是"灵魂之窗"。目光短浅，没有远见叫作**"目光如豆"**，相反的，见识远大叫作**"目光如炬"**；庖丁解牛时，因为技术熟练，眼中是**"目无全牛"**，但要是**"目无余子"**，那就显得太傲慢自大了。妩媚的女子**"目挑心招"**，用眉目传情；有权威的人**"目指气使"**，只用眼神示意别人做事；看得太专心是**"目不转睛"**；不识字的人是**"目不识丁"**。

第 16 篇

老博士

老博士**满腹经纶**（lún），学识令人敬佩，但在生活小事上常常**冥**（míng）**顽不灵**，不懂得变通。

有一天，他去朋友家玩，两个人从中午一直聊到**华灯初上**。这时，朋友看见外面下起**倾盆大雨**，就关切地说："外头的雨这么大，今天就在我家过夜吧！吃过饭，我们还可以再聊聊。"

说完，朋友就到厨房张罗，等端着饭菜再回到客厅时，却找不到老博士。等了好久，才看到老博士全身湿漉（lù）漉地走进来。

朋友问他去哪儿了。老博士说："你不是要留我过夜嘛，我回去拿睡衣了。"

成语意思猜一猜

1._____：愚昧（mèi）顽固。

2._____：形容雨势又大又急。

3._____：形容人极有治国的才干或很有学识。

4._____：指天刚黑的时候。

成语运用
猜一猜

1. 外头正下着_____，你为什么急着出去呢？

2. 他_____，听不进去别人的劝告。

3. 欢乐的时光总是过得很快，转眼间已经是_____，到了应该回家的时间了。

4. 他_____，有问必答，大家都喜欢向他请教。

成语万事通

肚子的学问大

《世说新语》里有个郝（hǎo）隆，他露出肚皮享受日光浴时，别人问他在做什么，他说自己在晒肚子里的书，"袒（tǎn）腹晒书""郝隆晒腹"的故事就是这样流传下来的。

也许是腹中的器官对人实在是太重要了，许多含有"腹"字的成语，含义都十分典雅。**"满腹经纶"**是形容很有学问的样子，**"推心置腹"**是形容真诚对待别人，**"腹有良谋"**指的是对事情有良好的解决方法。古人还写出"腹有诗书气自华"这样的句子，表示书读得很多，外在的表现自然有所不同。可别小看肚子，里头的学问可真不少呢！

第 17 篇

把鼻子也拿下来

　　4岁的男孩小南对整个世界都充满了好奇，总喜欢刨（páo）根问底。

　　一次，他看见爷爷把自己的假牙拿下来冲洗，觉得非常好玩，尤其是看到那些牙被拿下来刷过后又安上去，他**目瞪口呆**，就再三央求爷爷再来一遍。对孙子**俯**（fǔ）**首帖**（tiē）**耳**的爷爷，为了博得孙子的欢心，**三番五次**地表演，小南**乐此不疲**。**精疲力竭**的爷爷问道："行了吗？"

　　孩子的眼珠转了一会儿，说道："把鼻子也拿下来看看！"

成语意思 猜一猜

1. _____：精神、力气消耗（hào）已尽。形容非常疲劳。

2. _____：一再，多次。

3. _____：因喜欢做某件事而不知疲倦。

4. _____：形容卑（bēi）屈驯（xùn）服的样子。

5. _____：比喻追究底细。

成语运用
猜一猜

1. 鬼故事把他吓得_____,动弹不得。

2. 跑完 5000 米,他累得_____。

3. 看到他那_____的奴才样儿,我打心眼里瞧不起他。

4. 他_____地搞研究,把家都忘记了。

5. 你_____地欺负我,我不得不还(huán)击了。

6. 你_____,是啥意思? 怀疑我吗?

成语 万事通 ------

成语中的数字实指

　　我们知道绝大多数成语中的数字都是虚指,但也有部分成语中的数字为实指。例如"**三皇五帝**"中的三皇是伏羲、神农、黄帝,五帝是少昊(hào)、颛顼(zhuān xū)、帝喾(kù)、尧、舜。"**三生有幸**"中的"三生"是佛家的前生、今生、来生。"**四书五经**"的四书指《大学》《论语》《中庸》《孟子》,五经为《周易》《尚书》《诗经》《礼记》《春秋》。"**五谷丰登**"中的"五谷"指稻、黍(小米)、稷(高粱)、麦、菽(豆)。"**八仙过海**"中的"八仙"是汉钟离、张果老、吕洞宾、李铁拐、韩湘子、曹国舅、蓝采和、何仙姑。

第 18 篇

名片风波

　　金先生的父亲是个律师，金先生**克绍箕裘**（jī qiú），从小就立志要跟爸爸一样能干。经过**十年寒窗**，他终于通过考试，也成为律师。金先生**兴致勃勃**地为自己印了名片，等新名片一拿到，他**啼笑皆非**，马上打电话向印刷厂抱怨。

　　"你们把我的名片印成'专业顾门'，少了一个口，怎么搞的啊！"

　　印刷厂自知理亏，答应重印。隔了几天，新印的名片送来了。金先生简直是**七窍**（qiào）**生烟**，上面居然印成"专业顾门口"！

成语意思猜一猜

1.＿＿＿＿＿＿＿：形容闭门苦读。

2.＿＿＿＿＿＿＿：形容愤怒到极点，好像耳目口鼻都要冒烟。

3.＿＿＿＿＿＿＿：比喻子孙能够继承祖业。

4.＿＿＿＿＿＿＿：形容既让人难受，又令人发笑。

5.＿＿＿＿＿＿＿：形容兴头很足。

成语运用 猜一猜

1. 别人说他天资聪敏，但他说自己也是经过＿＿＿＿＿＿＿＿＿＿＿，才换得今天的成果。

2. 你把爷爷的花圃（pǔ）弄得乱七八糟，怪不得爷爷气得＿＿＿＿＿＿＿＿＿＿＿。

3. 弟弟顽皮又可爱的举动，让大家＿＿＿＿＿＿＿＿＿＿＿，不知道该拿他怎么办才好。

4. 虽然经营面包厂十分辛苦，但他还是决定＿＿＿＿＿＿＿＿＿＿＿，从爸爸手中接过这份家业。

5. 同学们正＿＿＿＿＿＿＿＿＿＿＿地做实验。

成语 万事通

何谓"箕"和"裘"？

箕是一种器皿，多用竹、柳等柔软的植物编成；裘是用一片片的兽皮缝合而成的一种皮衣。冶金和造弓是古代重要的工艺，前者要把各种残破的金属修补完善，后者要能把竹子巧妙地弯曲成弓。假如家中的父兄是冶金的能手，子弟们看惯了冶金的功夫，就能把一片片的兽皮缝合成裘袍；如果父兄是造弓的能手，子弟也会用竹、柳等柔软的东西编织成箕。因为从小耳濡（rú）目染，学起来也比较容易。

所以**"克绍箕裘"**，就用来表示子孙继承先人的事业。

第 19 篇

小猴子

有位**其貌不扬**的妇人，带着小孩去坐公共汽车。一位**大大咧咧**的老妇经过她座位旁边时，看见了这个小孩，**口不择言**地摇头叹息："唉，怎么有这么丑的小孩？"

妇人听了，忍不住**失声痛哭**。刚上车的另一位妇人，虽然不知道事情的**来龙去脉**，但也不忍心**袖手旁观**，就拍拍妇人的肩膀，安慰（wèi）她说："你不要再难过了，不管发生什么事，都可以解决的，总有**柳暗花明**的时候。对了，我这里有一根香蕉，就先给你的猴子吃吧！"

成语意思猜一猜

1. _____：表示置身事外，不加过问。

2. _____：形容人相貌不好看。

3. _____：指说话不经考虑，随口说出，或情急时说话不能正确用词表达。

4. _____：不喜欢拐弯抹（mò）角，喜欢很直接、很
现实地去面对一些事情，也指很活泼。形
容随随便便，满不在乎。

5. _____：因十分悲伤而哭泣。

6. _____：形容柳树成荫（yīn）、繁花似锦（jǐn）的景象。
比喻由逆（nì）境转为充满希望的顺境。

成语运用
猜一猜

1. 遇到困难不要气馁（něi），只要不放弃，总有_____
的时候。

2. 他一生气，就会_____地乱骂人，真不应该。

3. 他不是你的弟弟吗？为什么他被别人欺负时，你却在一旁
_____？

4. 这个看起来_____的人，真的是鼎（dǐng）鼎有
名的大教授吗？

5. 她这个人_____的，从来不记仇，很快就忘记别
人对她的伤害。

6. 小红、小玲吵得不可开交，我听了半天也没搞清楚事情的__
_____。

7. 在地震中失去亲人的人_____。

第 **20** 篇

蚂 蚁

　　幼儿园的小朋友**天真烂漫**，常常会说出许多可爱的童言童语。

　　有一天，他们一回到教室，就**七嘴八舌**地告诉英语老师："厕（cè）所里有好多蚂蚁！"

　　英语老师笑眯眯地点点头，想到"蚂蚁"的英文单词已经教过了，不知道小朋友是否记得，于是一个问题**脱口而出**："小朋友，那'蚂蚁'怎么说呀？"

　　小朋友一脸茫然，小明看到英语老师期待的目光，**茅塞**（máo sè）**顿开**："蚂蚁……它……它一直在走，没有说话啊！"

成语意思 猜一猜

1. _____：原来心里好像有茅草堵着，现在忽然被打开了。形容闭塞的思路，由于得到了某种事物的启发，豁（huò）然开朗，明白了事物的内在含义。

2. _____：不假思索，随口说出。

3. _____：形容性情纯真，毫不做作。

4. _____：比喻人多嘴杂。

成语运用
猜一猜

1. 孩子_____的笑容，让父母忘记了所有的辛苦。

2. 返校日，同学们_____地说着暑假中的趣事。

3. 整整一天，我都没有解开这道难题，经老师一点拨，我_____。

4. 这句话藏在我心里很久了，所以我才会_____，请不要介意。

成语 万事通

成语中的"七"和"八"

　　"七"和"八"组合成的成语非常多。"七手八脚"形容人多手杂的样子，"七病八痛"是描述身体的病痛不断，"七拼八凑"是指勉强拼凑的样子，"歪七扭八"则是形容不整齐的样子。零落散乱的样子叫作"七零八落"，剩得不多叫作"七折八扣"，心情忐忑不安是"七上八下"，人多嘴杂就是"七嘴八舌"。

　　"七"和"八"组成的成语，"七"都会出现在"八"之前。还有，成语的意思也大多和"混乱""繁杂"有关。

03

第三单元

第 21 篇

还我的扫把啊！

张明放学后，都要乘公共汽车去补习班。

这天，下着瓢（piáo）泼大雨，张明累得筋（jīn）疲力尽，一挤上公共汽车就开始打瞌（kē）睡。

睡呀睡呀，他梦见自己在考试时**大显身手**，忍不住得意地笑了。这时候，车子一阵震动，他睁眼睛一看，不禁**大吃一惊**，原来已经到站了。

张明**手忙脚乱**地抓起手边的雨伞，飞似（shì）的冲下车。

没想到司机也跳下车，跟在他后面一边**穷追不舍**，一边**声嘶力竭**地喊道："喂……同学，不要**顺手牵**（qiān）**羊**啊！还我扫把啊！"

**成语意思
猜一猜**

1.＿＿＿＿＿＿：形容做事慌张而没有条理，也形容惊慌失措。

2.＿＿＿＿＿＿：形容非常疲劳，一点力气也没有了。

3. _____：像用瓢泼水那样的大雨。形容雨下得非常大的样子。

4. _____：形容对所发生的事感到十分意外。

5. _____：形容充分发挥自己的才能。

6. _____：嗓子喊哑，气力用尽。形容竭力呼喊。

7. _____：比喻乘机偷取别人的东西。

8. _____：使劲地追赶不放。

 **成语运用**
猜一猜

1. 姐姐正在厨（chú）房_____，想展现她在烹饪（pēng rèn）班学到的手艺。

2. 不知道是哪个人_____，把门口挂着的中国结偷走了。

3. 小宝宝不知道什么时候爬到了柜子上，妈妈看到之后_____，赶紧放下手上的工作，把小宝宝抱下来。

4. 警察对盗贼_____，直到将其捉拿归案。

5. 她_____地哭着喊着，但怎么叫不醒在地震中死去的亲人。

6. 每次上完体育课，同学们都累得_____，一点都不想动了。

7. 突然乌云密布，_____迎头而降（jiàng）。

8. 平日学习不努力，考试时就会_____。

第 22 篇

分给弟弟吃

大宝和小宝是一对兄弟,爸爸希望他们能**兄友弟恭**(gōng),但他们总是**唇枪舌剑**,互不相让。

有一天,他们又为分糖果的事情吵闹,爸爸问:"大宝,你为什么这么**不识大体**呢? 多分一点糖给弟弟,又有什么关系呢?"

大宝**怒火冲天**,说:"他凭什么要多分一点儿?"

爸爸**诲**(huì)**人不倦**(juàn),**滔滔不绝**地开导:"你是大哥哥呀! 你看老母鸡找到小虫,都会给小鸡吃,你应该学习母鸡的爱心啊!"

大宝没好气地说:"我会的,我如果找到小虫,也会给弟弟吃的。"

成语意思 猜一猜

1.＿＿＿＿＿＿：形容愤怒之极,无法抑(yì)制。

2.＿＿＿＿＿＿：教导人特别耐心,从不厌倦。

3.＿＿＿＿＿＿：水势盛大,连续不断的样子,也用来形容说话连续不断。

4.＿＿＿＿＿＿＿＿＿：哥哥对弟弟友爱，弟弟对哥哥恭敬。形容
　　　　　　　　　兄弟之间互爱互敬。

5.＿＿＿＿＿＿＿＿＿：指不明白关系到大局的道理，不懂得做事、
　　　　　　　　　处理问题要从整体和长远利益出发。

6.＿＿＿＿＿＿＿＿＿：形容言辞锋利，争辩激烈。

成语运用
猜一猜

1. 他们兄弟俩一向相处融洽（róng qià），＿＿＿＿＿＿＿＿＿的
   行为让爸妈十分欣慰。

2. 他们两人为了小事起冲突，彼此＿＿＿＿＿＿＿＿＿，谁也不
   肯让谁。

3. 妈妈一拿起电话就会＿＿＿＿＿＿＿＿＿地讲个不停。

4. 你是晚辈，他是长辈，你不能这么＿＿＿＿＿＿＿＿＿，和老
   人家斤斤计较显得没有教养。

5. 张老师＿＿＿＿＿＿＿＿＿，受到了所有学生的好评。

6. 小明在背后说我坏话，我＿＿＿＿＿＿＿＿＿地找他兴师问罪。

成语万事通

与健谈有关的成语

　　"滔滔不绝"这个成语把说话流畅和河水奔腾联想在一起，
是令人赞叹的比喻。意思相近的成语还有"侃侃而谈""应对
如流""妙语连珠""雄辩滔滔"等。

第 23 篇

贫困的家庭

　　苏董事长事业有成，**家财万贯**。他觉得现在**世风日下，人心不古**，所以常常对孩子**谆**（zhūn）**谆教诲**，不要在别人面前过分招摇，不要表现出**养尊处**（chǔ）**优**的样子，免得**惹火烧身**。

　　有一天，小儿子拿着作文本要他签名，他看见作文本上写着："我们家非常穷，没什么钱。我们的厨师很穷，我们的司机很穷，爸爸的保镖（biāo）很穷，妈妈的美容师很穷，连帮我们打扫卫生的阿姨也很穷……"

成语意思猜一猜

1. ＿＿＿＿＿＿：指社会风气败坏，一天不如一天。

2. ＿＿＿＿＿＿：地位尊贵，过着优裕（yù）的生活。

3. ＿＿＿＿＿＿：指现在的人不如古人淳（chún）厚。

4. ＿＿＿＿＿＿：形容非常富有。

5. ＿＿＿＿＿＿：比喻自找麻烦或自找苦吃。

6. ＿＿＿＿＿＿：指恳切、耐心地启发开导。

 成语运用
猜一猜

1. 一向＿＿＿＿＿＿＿＿的她，来到物资缺乏的山区生活，却也能甘之如饴（yí），大家觉得十分难得。

2. 他常感慨＿＿＿＿＿＿＿＿，＿＿＿＿＿＿＿＿，人与人之间难得有真挚（zhì）的感情。

3. 那里已乱成一锅粥了，你最好不要靠近，以免＿＿＿＿＿＿＿＿。

4. 老师的＿＿＿＿＿＿＿＿我们永记心头。

5. 就算是＿＿＿＿＿＿＿＿的富翁，也无法用金钱换取健康。所以拥有健康的身心，才是真正的富有。

 成语 万事通

"家财万贯"到底有多少钱？

　　古代，1000个铜钱用绳子穿起来叫作"一贯"，"家财万贯"的人，至少拥有1000万个铜钱。

　　从成语中，可以看出人们对富翁生活方式的刻板印象：例如非常讲究衣着饮食（**锦衣玉食、酒池肉林**），用起钱来不当一回事（**一掷千金、挥金如土、挥霍无度**），家中的摆设极尽奢华（**金碧辉煌、金玉满堂**），骄纵、看不起别人（**财大气粗、养尊处优**）。但真正的富裕，不应该只要求物质上的富足，还应包含精神的充实、心灵的安适、身体的健康。

第 24 篇

模仿大师

罗先生具有模仿的天分，能把动物的叫声学得**惟妙惟肖**（xiào）。对于自己这个技能，他常**自鸣得意**地夸口："叫谁来，谁就来，我打猎从来不必用子弹！"

有一天，罗先生上山打猎，他布置好陷阱，先学野兔的叫声，果然引来了好几只野兔。罗先生正想把野兔**一网打尽**时，他看到有几只狐狸在慢慢地靠近。罗先生又学起老虎的叫声，想把狐狸吓跑，没想到这回引来的是老虎。眼看着老虎**不费吹灰之力**衔（xián）走他的兔子，罗先生只能躲在树上**纹丝不动**，吓得大气都不敢出一口。

成语意思
猜一猜

1.＿＿＿＿＿＿：形容描写或模仿得非常逼真。

2.＿＿＿＿＿＿：对自己感到称（chèn）心的事，表示很得意。

3.＿＿＿＿＿＿：形容全部捉到或消灭，一个也没漏掉。

4.＿＿＿＿＿＿：一点儿也不动。形容没有丝毫改变。

5.＿＿＿＿＿＿：形容事情做起来非常容易，不花一点力气。

成语运用 猜一猜

1. 他在同学聚会上＿＿＿＿＿＿＿＿地模（mó）仿老师说话的模（mú）样，逗得大家哈哈大笑。

2. 警察布下天罗地网，想把这群歹徒＿＿＿＿＿＿＿＿。

3. 翻个跟斗对我这个体操运动员来说＿＿＿＿＿＿＿＿。

4. 只不过是一个地区的冠军，你怎么可以＿＿＿＿＿＿＿＿，觉得自己不可一世呢？

5. 军训时，教官要求我们＿＿＿＿＿＿＿＿地练站姿。

成语万事通

成语中的"网"

　　"网"是古人畜牧、渔猎维生的重要工具，与"网"有关的成语也不少。**"网开一面"**，网只张三个方向，留一个方向让鸟兽脱逃，是比喻给人一条生路；**"自投罗网"**，以鸟兽自己冲进网中来比喻送死；**"天罗地网"**，指的是上下四周都布置了严密的网，无法逃脱；**"漏网吞舟"**，从渔网里漏掉了能吞小舟的大鱼，比喻法律极为宽松。

第 25 篇

不识"大"字

有个爸爸**望子成龙**，教自己不到 3 岁的孩子识字。

爸爸指着书上的"大"字，说："这个就是大小的'大'，你可要记得！"

过了几天，家人一起到海边玩。爸爸想在**大庭广众**之下显摆一下，就随手在沙滩上画了一个"大"字，问儿子这是什么字。

儿子**聚精会神**地看了好久，还是摇着头。

爸爸有点生气："你真是健忘，这不是我教过你的'大'字吗？"

儿子**大惊小怪**地说："几天不见，'大'字竟然长得这么大了，怪不得我不认得！"

成语意思猜一猜

1.＿＿＿＿＿＿：形容非常专心的样子。

2.＿＿＿＿＿＿：希望自己的子女能成大器。

3.＿＿＿＿＿＿：形容对于不足为奇的事情过分惊讶。

4.＿＿＿＿＿＿：指人多的公开场合。

成语运用
猜一猜

1. 为了使孩子出类拔萃，_____的父母给孩子报了许多补习班。

2. 只不过是一只打翻东西的小猫，你何必_____，以为是什么怪物出现。

3. 爷爷正_____地和别人下棋，你说的话，他一定没听到。

4. 我的胆子小，要我在_____之下唱歌，我可做不到。

成语 万事通

成语中的"大"和"小"

　　"大"和"小"两个字中间，有时镶嵌（xiāng qiàn）的是意思相近的词，如"**大街小巷**"（泛指城里各处的街巷）、"**大呼小叫**"（高声喊叫，乱吵乱嚷）。有时，两个字的关系是相对的，如"**大同小异**"（大体相同，但略有差异）、"**大醇**（chún）**小疵**（cī）"（大体完美而略有小缺点）。有时，两个字的关系是互为因果的，如"**大题小做**"（把重大的问题当作小事情来处理，有轻忽的意思）、"**大材小用**"（有才能的人，却只被用来处理小事）。

第 26 篇

老师的要求

刚毕业的小王老师不知如何严格要求学生,她**百啭**（zhuàn）**流莺**般的声音虽然好听, 但柔和得如同催眠曲一样, 许多学生听一会儿就开始打瞌睡, 小王老师**三令五申**都没怎么改善。

这天, 小王老师清清喉咙, 大声说:"上次上课时秩序很好, 只有一点点需要改善。今天, 请前面同学的呼噜声不要太大, 免得影响后面同学的睡眠;后座同学点头的动作也不要太大, 免得敲到前座同学的背。"

这一番话, 让同学们个个**正襟**（jīn）**危坐**, 不好意思像平常一样**肆**（sì）**无忌惮**（dàn）地打瞌睡了。

成语意思 猜一猜

1.＿＿＿＿＿＿＿＿:端坐整齐, 形容严肃或拘谨的样子。

2.＿＿＿＿＿＿＿＿:任意妄（wàng）为, 毫无顾忌。

3.＿＿＿＿＿＿＿＿:形容声音清脆, 悦耳动听。

4.＿＿＿＿＿＿＿＿:指再三地命令和告诫。

成语运用
猜一猜

1. 老师一走到教室门口，那几个顽皮的学生，就不敢_____地东奔西跑了。

2. 政府_____，劝诫民众不要在河道两旁盖房子，免得洪水来时无处可逃。

3. 校长讲话时，同学们个个_____，态度十分恭敬。

4. 她的歌声美妙，仿佛_____一般，怪不得有这么多歌迷追捧。

成语 万事通

鸟儿为什么要鸣叫？

鸟儿的鸣叫，带给我们不同的感受。大家都喜欢"**百啭流莺**"的婉转美妙，不喜欢乌鸦"嘎嘎"的叫声。但是，无论是黄莺或乌鸦，它们的叫声都不是为了取悦人们，而是它们生存的法宝。

一般而言，雄鸟善鸣而雌鸟几乎不叫，而且春季比秋季爱叫。雄鸟既通过鸣声吸引雌鸟，也会用鸣声宣扬自己的领土范围，警告别的鸟儿不要侵犯这个领域。当雌鸟在孵蛋时，雄鸟宣示领域的叫声能给雌鸟更多的安全感。

第 27 篇

谁输谁赢？

赵大哥对自己的棋艺非常自负。每次比赛完毕，都会对比赛的情形**高谈阔论**一番。这次，他和别人比赛，回家后对比赛结果却**守口如瓶**，闷（mēn）不吭声。

家人问他："你今天和别人下了几局？"

赵大哥小声地说："三局。"

家人又问："比赛的结果怎么样呢？"

赵大哥说："第一局我没能**长驱直入**，第二局他**力挽**（wǎn）**狂澜**（lán），到了第三局，我想要谈和，他却不肯**善罢甘休**。所以，我也懒得再跟他**锱铢**（zī zhū）**必较**。"

成语意思 猜一猜

1.＿＿＿＿＿＿：比喻尽力挽回危险的局势。

2.＿＿＿＿＿＿：长距离地、毫无阻挡地向前挺进。

3.＿＿＿＿＿＿：对很少的钱或很小的事也一定要计较。
　　　　　　　形容过于吝啬（lìn sè）或气量小。

4.＿＿＿＿＿＿：形容说话慎重或严守秘密。

5.＿＿＿＿＿＿：心甘情愿地放弃，不再计较。

6. ＿＿＿＿＿＿＿＿＿：漫无边际地大发议论。

成语运用
猜一猜

1. 在这危急的时刻，他挺身而出，＿＿＿＿＿＿＿＿＿，扭转了局势。

2. 爸爸度量很大，从不＿＿＿＿＿＿＿＿＿。

3. 你真的能＿＿＿＿＿＿＿＿＿，替我保守这个秘密吗？

4. 他已经诚诚恳恳地道歉了，你为什么还不肯＿＿＿＿＿＿＿＿＿呢？

5. 没有树木作为屏障（píng zhàng），沙尘暴＿＿＿＿＿＿＿＿＿，损失会十分严重。

6. 一谈起足球，他就忍不住＿＿＿＿＿＿＿＿＿一番，好像自己正在球场上大显身手一般。

成语万事通

锱铢到底有多小？

　　锱和铢都是古代的重量单位。一锱是四分之一两，即 12.5 克。一铢等于六分之一锱，二十四分之一两，约 2 克。锱与铢连用，比喻极微小的数量和极琐碎的事物。

　　"锱铢必较"的同义词有斤斤计较、一毛不拔、睚眦（yá zì）必报，反义词包括慷慨仗义、宽宏大量等。

第 28 篇

演讲练习

对于下星期的演讲比赛，小琪总是**提心吊胆**。她想先在家里练习，就请爸爸当听众。

爸爸决定助她**一臂之力**，在客厅摆了一张桌子，另外，定时器、讲台、麦克风也都**一应（yīng）俱全**，还让小琪抽了号码。小琪有点紧张，但还是鼓起勇气上了台。

小琪**战战兢（jīng）兢**地开始说话了："各位老师，各位同学……"

爸爸想暗示她坐在下面的是评委，就提醒她说："如果我不是你的老师，也不是你的同学，你该怎样称呼我？"小琪赶紧**亡羊补牢**："各位爸爸……"

成语意思
猜一猜

1.＿＿＿＿＿＿＿：形容非常害怕而微微发抖的样子。也形容小心谨慎。

2.＿＿＿＿＿＿＿：形容担心恐惧，精神紧张，无法平静。

3.＿＿＿＿＿＿＿：比喻出了问题以后想办法补救，可以防止继续受损失。

4. _____：指一部分力量或不大的力量。表示从旁帮
　　　　　　　　　　一点忙。

5. _____：应该有的全都有了。

成语运用
猜一猜

1. 做错了事，还是赶紧承认吧！不要再过这种_____
的日子。

2. 她的皮包看起来小小的，里面却_____，要什么
有什么。

3. 楼上住户遭偷窃，物业公司赶紧_____，立马请
保安公司来安装监视器。

4. 只要你肯助我_____，我一定会成功的。

5. 他拿着那张不及格的试卷，_____地看着暴跳如
雷的妈妈。

成语 万事通

"亡羊补牢"的典故

　　战国时期，楚襄王重用奸臣，国家日渐衰败。楚国大臣庄辛直
言劝谏，说这样下去楚国早晚会灭亡。楚襄王大怒，庄辛只好躲到赵
国。不久，秦军攻陷楚国都城郢（yǐng）都，楚襄王这才想起庄辛的
忠告，派人请回庄辛。庄辛给楚王讲了农夫因为羊圈破了没有及时
修补以致羊被狼叼走，后来在邻居劝说下补好羊圈，避免了更多损失
的故事。楚王大悟，并在庄辛的帮助下，改正过错，振兴了楚国。

第 29 篇

歪打正着（zháo）

　　小明最近的表现不佳，总是把老师的叮咛（dīng níng）抛（pāo）到**九霄云外**。这一天，他在上课时摆弄新买的铅笔盒，老师把他叫起来，问："小明，请你说一说'**扑朔（shuò）迷离**'是什么意思？"

　　看到老师的脸色**阴云密布**，小明连忙站起来，推了推鼻子上的眼镜，仔细看看老师写在黑板上的四个字。最后他**无可奈何**地说："老师，看不清楚。"

　　老师叹了口气，说："这次，你的回答很正确，请坐。小明，如果你不想让成绩**一落千丈**，上课就要**专心致志**。"

成语意思 猜一猜

1. _____：阴雨之云紧密分布。比喻事态已经发展到了非常严峻（jùn）的险恶地步。

2. _____：形容一心一意，集中精神。

3. _____：形容事情错综复杂，无法看清真相。

4. _____：比喻退步得很快。

5. ＿＿＿＿＿＿＿＿＿：比喻无限远的地方或远得无影无踪。

6. ＿＿＿＿＿＿＿＿＿：一点办法也没有。

成语运用
猜一猜

1. 他最近沉迷网络游戏，成绩＿＿＿＿＿＿＿＿＿，让家人十分
   担心。

2. 登山计划被突如其来的暴雨打乱了，他只好＿＿＿＿＿＿＿＿
   地返回。

3. 看到一望无际的大海，我的烦恼立刻被抛到＿＿＿＿＿＿＿＿。

4. 这部片子的剧情＿＿＿＿＿＿＿＿＿，观众们看得一头雾水。

5. 他把一切乱七八糟的事情都抛到＿＿＿＿＿＿＿＿了，＿＿＿＿
   ＿＿＿＿＿＿地做实验。

6. 一听到老师说我在学校里跟同学打架，爸爸的脸立马＿＿＿＿＿
   ＿＿＿＿＿＿＿，看来一顿责骂是少不了（liǎo）了（le）。

成语万事通

尊贵的数字"九"

   "九"这个数字出现在成语中，都包含"众多"的意思。
例如，"一言九鼎"用九个鼎表现说话算话的气魄；"九牛一毛"
用"九牛"与"一毛"的对比，表现所占的是极小的一部分；"九
死一生"比喻处境十分危险；"九霄云外"形容高远的天空。

第 30 篇
吉利话

为了迎接**一元复始**的新年，爸爸在大年三十挂上年画。第一张挂好了，准备挂第二张时，他对我说："这两张要齐平才好看，我要是挂高了，你就说'**金玉满堂**'，我要是挂低了，你就说'**万寿无疆（jiāng）**'，懂吗？"我点点头。

爸爸把年画挂高了，我连忙说："金玉满堂！"爸爸就把画往低处降（jiàng）一降，我又说："万寿无疆！"听了这么多吉利话，爸爸高兴得**眉飞色舞**。"再稍微抬高一点，"我连忙说，"现在可以了，既没有金玉满堂，也不会万寿无疆！"

成语意思 猜一猜

1. ＿＿＿＿＿＿＿：寿命无穷，祝福人长寿的用语。

2. ＿＿＿＿＿＿＿：形容喜悦而高兴的样子。

3. ＿＿＿＿＿＿＿：指新的一年又开始了。

4. ＿＿＿＿＿＿＿：金银财宝充满厅堂。形容非常富有。

成语运用
猜一猜

1. 王叔叔花了重（zhòng）金装修他的别墅（shù），楼上楼下
   到处是＿＿＿＿＿＿＿＿＿的景象，让人恍惚（huǎng hū），
   以为到了金碧辉煌的皇宫。

2. 酒宴上，我们一起祝福曾（zēng）祖父＿＿＿＿＿＿＿＿，
   他高兴得呵呵大笑。

3. ＿＿＿＿＿＿＿＿，万象更新，新的一年又来临了。

4. 谈起宝贝儿子，她忍不住＿＿＿＿＿＿＿＿，笑容满面。

成语万事通

人类的寿命有多长？

　　长辈生日，我们常以"福如东海""寿比南山""万寿无疆"
等吉祥话来祝贺。不过，你知道人类的寿命究竟有多长吗？根
据统计，每种生物，最长的寿命大约是从出生到发育成熟时间
的 6 倍。如果没有意外或疾病，人类的寿命应该有 120 岁。随
着社会越来越发达进步，人们对生活品质越来越重视，可以想
象，将来"百岁人瑞"一点也不稀奇。

04

第四单元

第31篇

流鼻涕的高压锅

三岁的晶晶**明眸**（móu）**皓**（hào）**齿**，是个人见人爱的小美人，可最近晶晶感冒流鼻涕，妈妈提醒她："流鼻涕时要马上叫妈妈帮你擦，如果不马上擦掉，人家会笑你是丑八怪的。"

年幼的晶晶**少**（shào）**不更事**，对妈妈的**耳提面命**谨（jǐn）记在心。有一天，晶晶走过厨房，看见炉子上的高压锅流出一堆白白的汁液，她**十万火急**地大叫："妈妈，高压锅的鼻涕流出来了，快点儿来擦！"

妈妈走进去一看，原来是高压锅里的稀饭溢（yì）了出来，那浓稠（chóu）的汁液，看上去还真像鼻涕。再看晶晶那少（shǎo）**见多怪**的样子，让人**哭笑不得**。

成语意思 猜一猜

1. _____：指年少阅历不多，没有处世经验。

2. _____：比喻恳切地叮咛教诲（jiào huì）。

3. _____：由于见闻少，遇见平常的事情也认为怪异。

4. _____：明亮的眼睛，洁白的牙齿。形容女子容貌美丽，也指美丽的女子。

5. _____：既让人难受得想哭，又让人觉得好笑，不知到底应该怎样做才好。

6. _____：形容非常紧急。

成语运用
猜一猜

1. 弟弟_____，昨天被坏人骗走了他新买的脚踏车。

2. 第一次到国外旅游，妈妈的_____使我更加注意自己的安全。

3. 失火了！消防队员_____地赶到现场救灾。

4. 妹妹在脏泥水中玩得正高兴，我_____，不知应该让她玩尽兴，还是责备她不讲卫生。

5. 李叔叔长得虎背熊腰，没想到他的孩子竟然是_____的娇弱女孩。

6. 妹妹把蚯蚓当作毒蛇，真是_____。

成语万事通

女子的容貌，男子的气质

明眸皓齿、唇红齿白、眉黛（dài）青山、双瞳（tóng）剪水、眉目如画等都是描写女子容貌的，而器宇轩昂、玉树临风、温文尔雅、文质彬彬、风流倜傥（tì tǎng）、风度翩翩等则是形容男子气质的。

第 **32** 篇

吃小宝宝

　　阿姨挺着大肚子到晶晶家做客。晶晶问阿姨："阿姨的肚子为什么这么大？"

　　春风满面的阿姨摸摸肚子："哈！阿姨肚子里面有一个小宝宝！"

　　晶晶**忧心忡忡**地问："阿姨很喜欢小宝宝吗？"

　　阿姨**眉开眼笑**地说："当然啦！傻孩子。"

　　晶晶**心惊肉跳**地跑回房间，她心想："阿姨一定是虎姑婆！既然喜欢小宝宝，为什么还把小宝宝吃下去？"

成语意思
猜一猜

1._____：形容心事重重、忧愁不安的样子。

2._____：形容担心祸患临头，非常害怕不安。

3._____：比喻人喜悦舒畅的表情。形容愉快和蔼（ǎi）的面容。

成语运用
猜一猜

1. 老鼠看见大猫来了，_____地躲起来。

2. 爸爸终于升官了，整个人看起来_____。

3. 阿姨_____地说着她中（zhòng）大奖的经历。

4. 奶奶整天_____，因为爸爸的船在海上遇到了台风。

成语 万 事 通

诗词、成语中的"春风"

春天是万物复苏的季节。"爆竹声中一岁除，春风送暖入屠苏""春风又绿江南岸，明月何时照我还""野火烧不尽，春风吹又生"，不同于炙（zhì）热灼人的夏风、苍凉萧瑟的秋风、冷冽刺骨的冬风，和煦（xù）送暖的春风非常有利于草木的生长。因而，在很多古诗词中，春风就是生命使者的化身。

美妙的"春风"在成语中也广泛出现。例如**"春风得意"**形容人处境顺利、做事如意，**"满袖春风"**形容十分得意，**"春风化雨"**比喻良好的熏陶和教育，**"如沐春风"**比喻同品德高尚且有学识的人相处并受到熏陶，**"春风夏雨"**比喻及时给人以教益和帮助，**"笔底春风"**则形容绘画、诗文生动。

第 33 篇
等一个星期

新年快到了，赚钱不容易的爸爸每天**节衣缩食**，终于存了一些钱。有一天，他带着晶晶来到人潮**川流不息**的商场。

爸爸买了一双皮鞋给晶晶，看到晶晶**乐不可支**的样子，爸爸以为她会**急不可耐**地穿上。但过了一个星期还没有见她穿，于是爸爸问："新鞋子买了，怎么没看见你穿呀？"

晶晶**胸有成竹**地回答："明天我就可以穿了。卖鞋的阿姨说，头一个星期鞋子会有些夹脚。所以，我等一个星期后再穿，够聪明吧？"

成语意思猜一猜

1. _____：形容人群、车马、船舶（bó）等来来往往，像流水一样地不停。

2. _____：形容快乐到了极点。

3. _____：省吃省穿，泛指节俭。

4. _____：比喻做事情之前心里已有主意。

成语运用
猜一猜

1. 奶奶常说她一辈子_____，才使我们今天能过上好日子。

2. 期末考试就要到了，我还在紧张地复习，同桌小明却一副_____的样子。

3. 每逢假日，大街上的人潮_____，车辆来来往往，好不热闹。

4. 一听到爸爸要带我去公园玩，我就_____。

5. 李教授一下车，记者们就_____地开始采访。

成语 万事通

"胸有成竹"的故事

　　北宋画家文同，字与可，善画竹。他在自己家的房前屋后种上各种各样的竹子。一年四季，他风雨无阻地勤去竹林观察竹子的生长变化，琢磨竹枝的长短粗细与竹叶的形态、颜色。日积月累，竹子在不同季节、不同天气、不同时辰的形象都深深地印在他的心中。所以每次画竹，他都显得非常从容自信，画出的竹子无不逼真传神。

　　后来有位青年想学画竹，得知诗人晁（cháo）补之对文同的画很有研究，前往求教。晁补之写了一首诗送给他，其中有两句"与可画竹时，胸中有成竹"。

第 **34** 篇

做　饭

放学回来，哥哥想：妈妈一定已经准备好一桌令他**垂涎**（xián）**三尺**的饭菜了。

没想到，餐桌上**一无所有**。只见妈妈躺在床上，**无精打采**地说："妈妈生病了，今天不能给你做饭了。"

哥哥听了，马上放下书包，卷起袖管，妈妈看了，赶紧说："你真懂事，想帮妈妈煮饭呀？不过，还是等爸爸回来，再带你出去吃吧！"

哥哥却**出人意料**地说："妈妈，其实我是想把您背（bēi）到厨房去。"

成语意思猜一猜

1. _____：什么都没有。

2. _____：在人们的意料之外。

3. _____：形容非常贪吃，或看见别人的好东西想据为己有。

4. _____：没精神，提不起劲的样子。

 成语运用
猜一猜

1. 叔叔不肯努力，因此年过半百还是＿＿＿＿＿＿＿＿＿。

2. 妈妈做的菜色香味俱全，总是让全家人＿＿＿＿＿＿＿＿＿。

3. 他一天没吃东西了，看起来一副＿＿＿＿＿＿＿＿＿的样子。

4. 我们班这些弱不禁风的学生竟然获得拔河比赛第一名，真是＿＿＿＿＿＿＿＿＿。

 成语万事通

"垂涎" 好处多

成语"垂涎三尺""垂涎欲滴""染指垂涎"皆形容贪婪，含有贬义。

但从医学角度看，"垂涎"好处多着呢。所谓"涎"就是唾液，它对人的身体健康帮助很大。唾液能稀释、清洗口腔中的残渣，含有的抗菌物质能抑制细菌的生长，含有的蛋白质能形成薄膜保护牙齿，能补充流失的钙、磷，修复受损牙齿。此外，唾液还能帮助消化、排泄、润滑口腔、调节水分。

第 35 篇

女儿不听话

有一天，晶晶帮妈妈梳头，惊奇地问："妈妈，您头上为什么长出了白头发？"

妈妈心想，要讲清头发白了的科学道理**谈何容易**，干脆趁这个机会**借题发挥**，让晶晶反省（xǐng）一下吧！于是她说："因为女儿不听话，妈妈的头上就会长出白头发。"

晶晶**恍然大悟**地说："现在我总算明白，为什么外婆的头发全是白的了。"

晶晶的话让妈妈**张口结舌**，无言以对。

成语意思猜一猜

1. _____：假借某事为题，表达自己真正的意思或想做的事。

2. _____：张着嘴说不出话。形容由于理屈或紧张、害怕、无奈而发愣说不出话来。

3. _____：完全没有充分的理由和语言来反驳。

4. _____：嘴里说说容易，实际上做起来却很困难。

成语运用
猜一猜

1. 谎言被当众揭穿时，他站在那里_____。

2. 经过老师的说明，我终于_____，了解了事情的
真相。

3. 他常常_____，欺负弱小同学。

4. 要改变小明睡懒觉的坏习惯，_____呀！

5. 面对老师失望的目光，一向伶（líng）牙俐齿的小林低着头
_____。

成语万事通

成语中的"借"大王

"借"大王很喜欢跟别人借东西，再去做别的事。

例如借"事件"，再去跟别人理论，这就是"**借题发挥**"；
借别人的手再去害他人，这就是"**借刀杀人**"；借用他人的东
西来做人情，这就是"**借花献佛**"；借喝酒来派遣愁闷，这就
是"**借酒消愁**"。最夸张的是，"借"大王还可以借用别的名义，
让已经消失或渐渐不受重视的事物，以新的姿态出现，就叫作
"**借尸还魂**"了。

从上面的成语中，你就可以知道"借"大王"借"东西的
功力有多强了。

第 36 篇

为了看清楚

好（hào）学不倦的爷爷戴着老花镜看书，看着看着，眼镜没摘下就睡着了。

姐姐跟晶晶在一旁**交头接耳**："你看！爷爷做事总是**一板一眼**的，怎么这次这样糊涂，睡觉时，连眼镜都忘了摘下。"

晶晶说："爷爷不是忘了摘下眼镜，而是故意不摘。"

"为什么？"

晶晶肯定地说："这还要问！戴着眼镜做梦，才不会**雾里看花**呀！"

成语意思 猜一猜

1.＿＿＿＿＿＿＿＿：头挨着头，凑近耳边低声说话。

2.＿＿＿＿＿＿＿＿：原形容年老眼花，看东西模糊，后也形容对事物的真相或本质看不清楚。

3.＿＿＿＿＿＿＿＿：喜好学习而不知疲倦。

成语运用
猜一猜

1. 只要一有空,姐姐就看书,真是＿＿＿＿＿＿＿呀!

2. 听到明天要到校外学习,同学们都＿＿＿＿＿＿＿,好不兴 (xīng) 奋。

3. 我的眼睛近视得厉害,不戴眼镜看东西就像＿＿＿＿＿＿＿,十分模糊。

4. 他是一个＿＿＿＿＿＿＿的人,你不要随便开他的玩笑。

成语 万事通

"雾里看花" 难真切

"雾里看花"出自唐朝诗人杜甫的《小寒食舟中作》:"佳辰强饮食犹寒,隐几萧条戴鹖 (hé) 冠。春水船如天上坐,老年花似雾中看。娟娟戏蝶过闲幔 (màn),片片轻鸥 (ōu) 下急湍 (tuān)。云白山青万余里,愁看直北是长安。"它最初是用来形容年老视力差,看东西模糊。后世逐渐多用它来比喻看事情不真切。

看不真切,就得有"冲云破雾"(比喻突破重重障碍和困难)的决心,期待"云消雾散"(形容疑虑、误会或某种情绪得以化解消除),达到"拨云雾见青天"(比喻冲破黑暗,见到光明)。

第 37 篇

举一反三

晶晶最近从电视上听到一句**前所未闻**的话:"是,老大!"她心想讲这句话好像显得很有礼貌,就把它记住了,以备**不时之需**。

这句话果然很有用,爸爸叫她端一杯茶来,她便说:"是,老爸!"姐姐请她帮忙拿一张卫生纸,她就说:"是,老姐!"

有一次,外婆从乡下来看大家,带了大包小包的礼物,一进门**汗流浃**(jiā)**背**的,她赶紧叫晶晶帮忙拿礼物。晶晶**举一反三**地回答:"是,老婆!"

成语意思 猜一猜

1. _____:随时的需要。

2. _____:汗流很多,湿透了背部。形容汗出得很多。

3. _____:从来未曾听说过。

4. _____:指理解力很强。比喻从一件事情类推而知道其他许多事情。

 **成语运用**
猜一猜

1. 哥哥上课时，常能_____，老师称赞他爱动脑。

2. 台风之夜，最好准备一些干粮，以备_____。

3. 这件事_____，绝对不可相信。

4. 我才在操场跑了三圈，就已经_____了，夏天太阳的威力无穷呀！

 **成语万事通**

"举一反三"才能学得快

有一天，孔子对他的学生说："举一隅（yú），不以三隅反，则不复也。"意思是说："我举出一个方面，你们要能灵活地推想到另外三个方面，如果不能的话，我也不会再教你们了。"

这就是成语"举一反三"的来源，其意是要灵活思考，学会从一件事情类推而知道其他许多事情。

"触类旁通"（掌握了某一事物的知识或规律，进而推知同类事物的知识或规律）、"闻一知十"（听到一点就能理解很多，形容善于类推）是它的近义词，"囫囵（hú lún）吞枣"（比喻对事物不加分析思考，笼统地接受）则是它的反义词。

第 38 篇

怎 么 救 妈 妈

妈妈要到美国出差,送行的晶晶**泪如泉涌**。妈妈**依依不舍**地跟她说:"别难过,妈妈会通过视频(pín)跟你聊天的。"

一到美国,妈妈**当务之急**就是打开电脑上网,安装摄(shè)像头跟晶晶聊天。可是,晶晶从屏幕上看到妈妈,不但没有笑,反而大哭起来。

爸爸问:"晶晶,见到妈妈你应该高兴,怎么哭啦?"**心乱如麻**的晶晶哭着说:"爸爸,我们要怎样才能把妈妈从电脑屏幕里救出来?"

成语意思 猜一猜

1._____ :指当前最急迫要做的事。

2._____ :心绪纷杂,如乱麻般毫无头绪。

3._____ :眼泪像泉水一样涌出。形容泪水流得极多,极为悲伤。

4._____ :非常留恋,舍不得分离。

成语运用
猜一猜

1. 台风季节，我们_____是先做好防台风准备。

2. 搬家时，我_____地把家里的小狗送给了表哥。

3. 他的爸爸去世了，他整天_____，令人同情。

4. 他明天就要参加歌唱比赛，现在_____，无法安
  心念书。

成语 万事通

成语中的"如"

　　含有"如"字的成语数不胜数。"如"可以出现在成语的任何一个位置："如"在第一字，例如"如饥似渴""如数家珍""如出一辙（zhé）""如雷贯耳""如胶似漆"；"如"在第二字，例如"恰如其分""文如其人""突如其来""声如洪钟""一如既往"；"如"在第三字，例如"暴跳如雷""表里如一""日月如梭（suō）""下笔如神""应答如流"；"如"在第四字，例如"从容自如""自愧不如"；第一字和第三字都是"如"，例如"如火如荼（tú）""如痴如醉""如泣如诉""如梦如幻"。

第 39 篇
喝多了什么

晶晶两岁大时，爸爸因为升迁，在家里跟好友聚会，**大快朵颐**（yí）。

晶晶听到大人说："来来来，谁把剩下的啤酒都喝了？"她抢着说要喝，爸爸**虚张声势**地说："晶晶不能喝啤酒，啤酒喝多了，就会跟爸爸一样变成大肚子！"这句话让晶晶立刻**打退堂鼓**，不敢再要啤酒喝了。

一天，家里来了一位**身怀六甲**的阿姨。晶晶走到阿姨面前，指着她的大肚子说："喔！我知道你喝多了什么！"

成语意思 猜一猜

1.＿＿＿＿＿＿：比喻做事中途退缩。

2.＿＿＿＿＿＿：指女子怀孕。

3.＿＿＿＿＿＿：痛痛快快地大吃一顿。形容饱食愉快的样子。

4.＿＿＿＿＿＿：故意夸大声威气势，用以吓阻他人。

成语运用 猜一猜

1. 在公共汽车上，我把座位让给一位＿＿＿＿＿＿＿＿的妇女。

2. 星期天，全家人都到餐厅＿＿＿＿＿＿＿＿。

3. 明天就要选举"三好学生"了，他突然＿＿＿＿＿＿＿＿，
   放弃参选的机会。

4. 驴子扯着嗓子＿＿＿＿＿＿＿＿地大叫，想要吓走凶猛的老虎。

成语 万事通

什么是"退堂鼓"？

古时候，官员审理案件后，会击鼓退下休息，这面鼓就叫
"退堂鼓"。后来，"退堂鼓"被引申为畏缩不敢尝试的态度。

当你为了某件事犹豫不决，最后决定不做时，就可以说"我
打退堂鼓了"。相反地，如果你对某件事很有信心，就可以用"勇
往直前"来形容自己。

不过，参加比赛、学习才艺、
上台发言等，如果常常临时打退
堂鼓，就可能一事无成。因此，
我们还是要坚持自己的目标，勇
往直前，才能有收获！

第 40 篇

挑好火柴

爷爷让晶晶去买火柴,因为市场上火柴的品质**良莠**(yǒu)**不齐**,所以他**翻来覆**(fù)**去**地叮咛晶晶:"要挑可以点燃的好火柴!"

晶晶去了好一会儿,才把火柴买来。爷爷打开一看,**大惑**(huò)**不解**地问:"火柴怎么全被点燃过?到底是怎么回事?"

晶晶**振振有词**:"因为我要把每一根火柴都试一试,才知道是不是好火柴呀!"

成语意思 猜一猜

1.＿＿＿＿＿＿:多指在床上来回转动身体,睡不着觉。也形容某个动作多次重复地进行。

2.＿＿＿＿＿＿:好苗和野草混杂在一起。比喻好坏混在一起。

3.＿＿＿＿＿＿:感到非常迷惑,不能理解。

4.＿＿＿＿＿＿:自以为理由很充分,理直气壮的样子。

成语运用
猜一猜

1. 这些水果_____，妈妈只好一个个仔细挑选。

2. 面对这个神秘的现象，我_____，不知道怎么解释。

3. 爸爸_____地告诉哥哥，不可以到外面闲逛，以免惹是生非。

4. 他明明错了，还_____地说个不休。

成语万事通

良莠不齐 VS 滥竽充数

"良莠不齐"与"滥竽充数"的意思相近，看完下面的故事你就知道它们有何联系了！

战国时代的齐宣王，十分喜爱音乐，尤其喜欢吹竽。齐宣王为了能常常听到竽的合奏，就在家里供养了300名吹竽的乐手。这300名乐手难免"良莠不齐"。

其中有一个自称是南郭处士的人，吹竽技艺并不高，而且在乐队供职的几年他也没有好好地学习吹竽。齐宣王过世后，继位的齐愍（mǐn）王却喜欢听竽独奏，所以叫300名乐手轮流演奏。

"滥竽充数"的南郭处士听到齐愍王要大家独奏时，赶紧溜之大吉。

05

第五单元

第 41 篇

南极探险家

一天，亮亮看到电视上在播放有关南极的影片，他**心血来潮**，说："爸爸，我长大后要成为一个南极探险家。"

爸爸看亮亮有这样的**鸿鹄**（hóng hú）**之志**，笑着说："好呀，孩子！"

亮亮又说："**千里之行，始于足下**。为了达成我的愿望，我现在就要开始锻炼自己！"

爸爸问："你打算怎么做呢？"

亮亮**郑重其事**地说："请您每天给我 10 元钱买冰激凌吃，这样，我才能锻炼抗寒的能力，适应**冰天雪地**的南极生活呀！"

成语意思猜一猜

1._____：比喻成功是由小到大，逐步积累的。

2._____：比喻突然产生的想法。

3._____：比喻远大的志向。

4._____：形容说话做事时态度非常严肃认真。

5._____：形容气候严寒。

成语运用
猜一猜

1. 北极地区终年_____，我们很难适应那里的环境。

2. 他_____地叮嘱我一定要替他保密。

3. 哥哥有_____，他说将来要当航天员踏上火星。

4. 他平日成绩一般，高考填报志愿时竟然_____，要报清华大学。

5. _____。只要我们开始行动，梦想就会成真。

成语 万事通

"鸿鹄" 是什么鸟？

汉朝皇帝刘邦曾说："鸿鹄高飞，一举千里。"意思是说鸿鹄可以飞得很快、很远。

其实，鸿鹄指的就是天鹅。天鹅的颈部修长，一身羽毛洁白如玉，姿态高贵大方，游泳时从容不迫，飞翔时轻盈飘逸，是人们喜爱观赏的一种鸟类。

但很多人应该不知道天鹅是鸟类中的飞高冠军。天鹅起飞，就像大飞机一样，需要一个助飞的跑道。它的飞行高度可达九千米，能飞越世界最高山峰——珠穆朗玛峰。

第 42 篇
理光头

亮亮**行色匆匆**地到理发店理发。他对理发师傅说:"叔叔,请帮我理个精光!"

理发师傅对亮亮的要求**半信半疑**,便再次问他:"你小小年纪,理个光头干什么?"

亮亮**提心吊胆**地说:"明天就要发期末考卷了,爸爸说,如果我有一科不及格,他就要我学古人**悬梁刺股**的苦读方式,在我读书打瞌睡时,揪(jiū)住我的头发。到时候,我就**惨不忍睹**了!"

成语意思 猜一猜

1._____:头悬梁,锥(zhuī)刺股,克服困意以发愤自学。形容刻苦学习。

2._____:悲惨得让人看不下去。形容极其悲惨。

3._____:出发或走路的神色匆忙。

成语运用 猜一猜

1. 我对他说的话＿＿＿＿＿＿＿，不想照做。

2. 车祸现场，血流满地，＿＿＿＿＿＿＿。

3. 犯法的人总是＿＿＿＿＿＿＿的，不如投案自首。

4. 这个陌生人＿＿＿＿＿＿＿，好像做了什么坏事似的。

5. 要拿出＿＿＿＿＿＿＿的干劲来，我们才能取得好成绩。

成语万事通

"胆"在哪里？

胆附在肝脏上，贮藏淡黄色清汁，称为"胆汁"。胆汁是由肝分泌而来的，经过胆管进入十二指肠。它能帮助消化食物中的脂肪。肝胆的关系密切，所以用"**肝胆相照**"来比喻与人诚恳相处。

"胆量"则是用来形容人的勇气。胆量大的人凡事不惧怕，真是"**胆量十足**"呢！不过，如果是胆量小的人，可是会被"吓破胆"呢！

怎样训练说话的胆量呢？平时，我们可以多阅读书报，多听，多想，先充实自己的知识，再学习勇敢地站在众人面前说话，这对提高胆量是很有帮助的！

第 **43** 篇

叫爸爸

爸爸因为前一天加班工作，显得**劳形苦心**，所以到了中午，还在睡觉。

爸爸的朋友突然来拜访他，妈妈连忙对晶晶说："快，快去叫爸爸。"

晶晶**大惑不解**地看看妈妈，又看了看这个**素昧**（mèi）**平生**的人，正**犹豫不决**，妈妈又在一旁喊着："快叫爸爸！快叫爸爸！"

经不住妈妈的催促，晶晶只好走到客人面前，怯生生地喊了一声："爸爸。"

**成语意思
猜一猜**

1. _____：向来不相识。

2. _____：迟疑不定，无法拿定主意。

3. _____：身体疲劳，精神困乏。

成语运用
猜一猜

1. 我对老师的解题过程感到＿＿＿＿＿＿＿＿，只好硬着头皮再问一次。

2. 正当哥哥＿＿＿＿＿＿＿＿时，妈妈已经决定，今天不吃汉堡包了。

3. 我跟他＿＿＿＿＿＿＿＿，他为什么抱着我大哭？

4. 拔草、捡石头、洗厕所、擦窗户，一整天的劳动使每个人都显得＿＿＿＿＿＿＿＿。

成语万事通

"劳形苦心"怎么办？

我们每天学习，大脑都要保持高速运转，难免会感到"**劳形苦心**"。当我们感到"**劳形苦心**"时，该如何保健放松，恢复活力呢？

可以静坐和深呼吸。"**平心静气**"地坐在椅子上，闭上眼睛，缓缓地做深呼吸，有助于排出血液中的二氧化碳，吸入氧气，使身体放松。

还可以回家泡热水澡和补充睡眠。热水可以"**舒筋活血**"，快速放松身体。泡完澡，再足足地睡上一觉，第二天一早起来，一准"**神清气爽**"。

第 44 篇

好眼力

家里来了个**不速之客**。妈妈对客人说："真不好意思，家里的乳酪（lào）刚好用完，今天的苹果馅饼**差**（chā）**强**（qiáng）**人意**，可惜没有乳酪可以夹。"

客人连忙说："哪里哪里，我还是吃得**津津有味**呀！"

这时，晶晶**不假思索**地走出去，回来时手里拿着一块乳酪，郑重地放到客人的盘子里。

客人笑了，边吃乳酪边说："孩子，你的眼力真好，你是在哪里找到这块乳酪的？"晶晶一脸天真地说："在捕鼠夹里。"

成语意思猜一猜

1._____：尚能令人勉强满意。

2._____：用不着想。形容说话做事迅速。

3._____：没邀请就自己来的客人。

4._____：指吃得很有味道或谈得很有兴趣。形容特别有兴味。

成语运用
猜一猜

1. 小明眉飞色舞地讲旅途见闻，我听得_____。

2. 这篇作文虽然不够成熟，但在文章结构安排上还算_____
_____。

3. 蟑螂（zhāng láng）是家里的_____，很不受欢迎。

4. 他对流行歌曲十分熟悉，_____就能说出一大堆
歌名。

成语 万事通

成语中的"味道"

　　成语中的"味道"，可以用嘴巴品尝，也可以用心品尝。

　　用嘴巴品尝时，"**津津有味**"是表示食物很可口，"**淡而
无味**"是表示食物清淡，"**食不甘味**"是无法辨别食物的味道；
用心品尝时，"**津津有味**"是指令人觉得兴味浓厚，"**淡而无味**"
表示令人觉得无聊乏味、没有意思，"**食不甘味**"是形容忧虑
烦躁或忙碌劳累的样子。

　　另外，有些味道是长久的、欢愉的。"**耐人寻味**"形容意
味深远，值得人反复寻思体会。"**意味深长**"是形容意趣含蓄
深刻，耐人寻味。"**气味相投**"是指双方志趣、性情合得来。

第 45 篇

我的爸爸

有三个孩子在一起夸耀自己的爸爸。

咪咪说："我爸爸是大学教授，由于一般人都**尊师重道**，大家都称他'教授先生'。"

佳佳**不甘示弱**地说："那算什么！我爸爸姓龚，是工程师，人们谈起他时，都尊称他为'公公（龚工）'。"

亮亮**不屑**（xiè）**一顾**地说："你们的爸爸，在我看来都是**半斤八两**，跟我爸爸比起来，算是**小巫**（wū）**见大巫**。告诉你们！我爸爸有两百多公斤，每个人见了他，都大声叫'我的天哪！'"

**成语意思
猜一猜**

1._____：认为不值得一看。形容极端轻视。

2._____：旧制一市斤等于十六两，半斤和八两轻重相当。比喻彼此不相上下。

3._____：尊敬师长，重视老师的教诲。

4._____：不愿意表现得比别人差。

5._____：比喻能力差别太远，简直不能比较。

成语运用
猜一猜

1. 爸爸常常告诉我们，要＿＿＿＿＿＿＿＿，做一个老师喜欢的好学生。

2. 跟你的写作水平相比，我简直是＿＿＿＿＿＿＿＿。

3. 中国队＿＿＿＿＿＿＿＿，在对方轻敌大意时突然出击，打得对方措手不及。

4. 我跟姐姐的表现都是＿＿＿＿＿＿＿＿，谁也不比谁强。

5. 他喜欢读经典，对那些品位不高的作品向来＿＿＿＿＿＿＿＿＿＿。

成语万事通

半斤为什么是八两？

十两一斤，半斤为什么是八两呢？这是因为我国旧时的秤是十六进位制，即十六两为一斤，所以半斤就是八两。关于十六两秤，还有一个美好的故事。相传很久以前，人间互相买卖，进行贸易，东西多少没有衡量的标准，因而产生了许多不公道的事。消息传到玉皇大帝那里，玉皇大帝就派太上老君到人间解决此事。太上老君经过了解，就做了秤。为了给秤杆上做标记，就把北斗七星和南极六星请到秤杆上。最后，还差三两，又把福禄寿三星请到后边。这样共计十六颗星。据说，太上老君把福禄寿三星请在秤杆之末，还有一层用意，就是进行监督和处罚。缺一两，则无福；缺二两，则欠禄；缺三两，则短寿。这样，做买卖的便不敢再缺斤少两了。

第 46 篇

听不见

一天，妈妈带晶晶去医院检查身体。

妈妈**喜上眉梢**（shāo），说："检查完了，晶晶身体健康，真是太高兴了，我们回家吧！"

晶晶**怅**（chàng）**然若失**地问："咦，怎么没检查耳朵？"

妈妈**不以为然**地说："你耳朵像兔子一样尖，听力好得很，不可能不正常。"

晶晶竟然**掩面而泣**（qì），说："我耳朵有毛病，别人说悄悄话我听不见！"

妈妈不禁**啼笑皆非**，说："如果别人听得见，那还能叫悄悄话吗？"

成语意思猜一猜

1.＿＿＿＿＿＿：心情沮丧，像丢了什么东西。形容心情失落的样子。

2.＿＿＿＿＿＿：用手掩着脸哭泣。形容伤痛到了极点。

3.＿＿＿＿＿＿：形容喜悦心情从眉宇间流露出来。

成语运用

猜一猜

1. 我对他自大的行为十分_____，因此不愿意跟他做朋友。

2. 弄丢了珍贵的小狗，他一副_____的样子，让人心疼。

3. 妹妹把大象当成河马，真让人_____。

4. 没有得到棋赛冠军，他难过得_____。

5. 爸爸妈妈听到我得了冠军的消息_____。

成语万事通

人可以怎么"哭"？

　　用手掩着脸哭泣，形容伤痛到了极点，叫"**掩面而泣**"；哭得非常伤心，泪水如同下雨一般，是"**泪如雨下**"；边说边哭，是"**声泪俱下**"；比喻极度哀痛或无奈，眼泪已经流不出来了，是"**欲哭无泪**"；形容因身处困窘之境而悲伤不已，就说"**穷途之哭**"。

　　生理学家说眼泪能杀菌，哭一下能预防红眼病；心理学家说哭是一种极好的情绪宣泄方式。在不开心的时候，想哭就痛痛快快地哭一场吧。

第 **47** 篇

破 功

变化无穷的魔术，常常让观众叹为观止。

有一位魔术师，在剧场里表演猜牌游戏。他随便叫起一个小观众，说："你好！小朋友，你愿意上台做我的助手吗？"

"愿意！"小朋友**欣喜若狂**地跑上台去。

"好极了！为了避免**瓜田李下**，你能够告诉在座的女士和先生，我们过去从来不认识，今天才初次见面吗？"

"好的，爸爸。"

成语意思
猜一猜

1.＿＿＿＿＿＿：形容事物极好，令人赞叹不已。

2.＿＿＿＿＿＿：泛指容易引起嫌疑的地方。

3.＿＿＿＿＿＿：变化多端，永无穷尽。

4.＿＿＿＿＿＿：形容快乐、高兴到了极点。

成语运用
猜一猜

1. 他买彩票中了大奖，全家人都_____。

2. 为了避免_____的嫌疑，当官的人不能经商。

3. 魔术表演_____，令人异口同声地赞叹。

4. 他的雕（diāo）刻作品十分精致，令人_____。

成语 万事通

"瓜田李下" 的典故

　　古乐府《君子行》里面有两句诗文："瓜田不纳履（lǚ），李下不整冠。"

　　意思是说：站在瓜田里，最好不要弯下身体去提鞋子；站在李子树下，最好不要伸手去整理头上的帽子。因为，当你弯下身子去提鞋子时，很容易被人误会在偷瓜；而当你在举手整理帽子时，很容易被人怀疑是在偷摘李子。

　　后来，大家就用"瓜田李下"来表示某些容易让人误会或怀疑的事情或场合。

　　我们要保持清白，就要避免"瓜田李下"的嫌疑。

第 48 篇

领奖金

亮亮一回到家, 就**心急火燎**地找妈妈。他说: "妈妈, 请给我 5 元奖金。"

妈妈以为他**信口开河**, 对他说的话**置之不理**。

亮亮不死心, 跟在妈妈后面**据理力争**: "爸爸说我如果考 100 分, 就给我 10 元, 算是奖励我。"

妈妈终于开口了, 她问: "那你考了多少分呢? "

亮亮**沾沾自喜**地说: "我考了 100 分的一半, 50 分, 所以拿奖金的一半, 不就是 5 元吗? "

成语意思 猜一猜

1.＿＿＿＿＿＿＿: 放在一边不闻不问, 不加理会。

2.＿＿＿＿＿＿＿: 自以为得意而满足。

3.＿＿＿＿＿＿＿: 不假思索地随意乱说。

4.＿＿＿＿＿＿＿: 根据事理, 竭力争取。

成语运用 猜一猜

1. 他常常＿＿＿＿＿＿＿＿，同学们都已经不相信他的话了。

2. 他自从到广州工作，对北京的家就＿＿＿＿＿＿＿＿。

3. 他考试得了"良"就＿＿＿＿＿＿＿＿，对自己的要求未免太低了。

4. 工会主席为了工人的福利，常常跟厂长＿＿＿＿＿＿＿＿。

5. 我听到一阵＿＿＿＿＿＿＿＿的敲门声，以为发生了什么大事呢，原来是邻居看到有人在我家门上贴小广告。

成语 万事通

有"力量"的成语

　　成语中"力"大多代表"力量"。形容力量的程度不同，有"吹灰之力""一臂之力""力透纸背""孔武有力""势均力敌"等。形容一个人使用力量时的态度，有"劳心劳力""尽心竭力""量力而为""不自量力"等。

　　"力"也有"尽力"的意思，像是"据理力争""力排众议""力争上游"。没有"力"的时候，就说"心有余而力不足""手无缚鸡之力""有气无力""无能为力"。

第 49 篇

能省则省

　　奶奶要到新城去住，可是她带的行李太多、太重，**左思右想**之后，就叫了一辆出租车。

　　奶奶问司机："到新城要多少钱？"

　　司机说："大约 400 元。"

　　"这些行李呢？"奶奶问。

　　司机**慢条斯理**地说："行李是免费的。"

　　生活上一向懂得**开源节流**的奶奶，早打好了**如意算盘**，她说："那太好了！请你把我这些行李免费送到新城车站去，我自己坐火车去。"

**成语意思
猜一猜**

1.＿＿＿＿＿＿＿：形容说话、做事不紧不慢，不慌不忙的样子。

2.＿＿＿＿＿＿＿：反复思考。

3.＿＿＿＿＿＿＿：比喻开发财源，节省支出，储蓄财力。

成语运用
猜一猜

1. 爷爷懂得＿＿＿＿＿＿＿，才累积了今日的财富。

2. 我打着＿＿＿＿＿＿＿，期望爸爸将会送我想要的礼物。

3. 妈妈做事总是＿＿＿＿＿＿＿的，做每件事都十分仔细。

4. 他＿＿＿＿＿＿＿，终于想出一个解决问题的好方法。

成语 万事通

成语中的"左右"

　　"左""右"原本只是两个相反的方位词，却同时运用在成语中。"左""右"就像形影不离的两兄弟，有时候站在一起，有时候被分开，真是有趣！

　　两兄弟站在一起时，就成了"**左右为难**"（形容无论怎样做都有难处）、"**左右逢源**"（比喻做事得心应手，非常顺利）、"**左右开弓**"（比喻两只手轮流做同一动作或同时做几项工作）。两兄弟分开时，有"**左顾右盼**"（形容人犹豫、警戒或得意的神情）、"**左支右绌（chù）**"（指力量不足，应付了这方面，那方面又出了问题）、"**左思右想**"（指反复思考）。

第 50 篇

话不要听一半

午睡起床，一向好（hào）为人师的佳佳，主动教晶晶穿鞋子。

晶晶这天要穿的是一双长筒靴，佳佳费了**九牛二虎之力**才帮她把鞋子穿好。

这时，晶晶却**愁眉苦脸**地说："这双长筒靴不是我的。"

佳佳**心烦意乱**地帮晶晶把长筒靴脱掉。

谁知道晶晶又说："这双鞋是我姐姐的，不过，妈妈说今天让我穿这双鞋上幼儿园。"

成语意思 猜一猜

1. ＿＿＿＿＿＿：心里烦躁，思绪（xù）凌（líng）乱。

2. ＿＿＿＿＿＿：比喻极大的力量。

3. ＿＿＿＿＿＿：喜欢做别人的老师，指人不谦虚，喜欢教导别人。

4. ＿＿＿＿＿＿：眉头紧皱，哭丧着脸。形容愁苦的神情。

成语运用
猜一猜

1. 姐姐一向_____，总喜欢不停地教我写这写那。

2. 妈妈整天_____的，不知在为什么事担心。

3. 他费了_____，才把桌子抬到外面去。

4. 家里出了事，让我_____，书也读不下去了。

成语 万事通

"九牛二虎" 的故事

沉香在吕祖门下学艺，准备上山救母。一天，吕祖外出，沉香在家舞枪弄棒。吃饭时间到了，却不见师父回来。他就进厨房准备煮饭，却发现蒸笼里有面团做的九头牛和两只虎。这应该是师父留给我的，沉香想。于是就把九牛二虎吃了，再回到院中练武。

沉香拿起八尺长的铁杵（chǔ），轻轻一抓便挥舞起来。正在这时，吕祖回来了，他哈哈大笑，说："好！好！你的武艺学成，可以上山救母了。"

沉香有了**九牛二虎之力**和一身的好功夫，终于救出了母亲。

06

第 51 篇

天天跟鬼在一起

星期天，爸爸带着亮亮去爬山。

亮亮好奇心重，一眨眼就跑得**无影无踪**。爸爸急得像**热锅上蚂蚁**，好不容易在一尊佛像背后找到儿子。

爸爸为了制止亮亮，便**脱口而出**："这里有鬼，不要乱跑，千万别**漫不经心**的，小心被鬼抓住。"

亮亮笑说："我才不怕鬼呢！妈妈总说你是死鬼，叔叔是烟鬼，婶婶是小气鬼，我天天跟鬼在一起，早就**司空见惯**了。"

成语意思 猜一猜

1.＿＿＿＿＿＿：随随便便，不放在心上。

2.＿＿＿＿＿＿：指经常看到，看惯了一点儿也不稀奇。

3.＿＿＿＿＿＿：比喻人陷（xiàn）入困境，手足无措（cuò）、坐立不安的样子。

4.＿＿＿＿＿＿：形容完全消失，不知去向。

成语运用
猜一猜

1. 现在，大家对溺（nì）爱孩子的现象早已_____。

2. 他说话一向不经大脑，往往_____，因此常得罪人。

3. 重要的东西不见了，他急得像_____，不知道该怎么办才好。

4. 等我找到苍蝇拍时，那只大苍蝇早已飞得_____。

5. 弟弟做事常常_____，因此老是被爸爸责骂。

成语 万事通

"司空见惯" 的用法

　　唐中期杰出诗人刘禹锡在京中受排挤，被贬到偏僻的地方，晚年才回到京城。在回京途中，他曾任过"司空"官职的朋友李绅为他举行宴会，并请了几个歌女在席上作陪。席间，刘禹锡一时诗兴大发，作诗一首，诗中有"司空见惯浑闲事"一句，"司空"指李绅，诗句大意是指李司空对这样的事情已经见惯，不觉得奇怪了。

　　"司空见惯"便是从刘禹锡这首诗中得来的，是很常用的成语，但有很多人仍会把它用错。它所形容的必须是偶然事件，但又是常常可能发生或见到的。例如交通事故，用司空见惯就很恰当。

第 52 篇

感谢信

安丘乡下的"来来小吃店"最近收到一封"感谢信"。

这封信惊动了在场的所有人，大家**蜂拥而上**，都想一睹究竟，因为这是**开天辟地**头一次有人寄来感谢信呢！

老板**迫不及待**地拆开信，读了起来："老板，您好！自从学校举办灭蝇活动以来，我们一直找不到苍蝇比较集中的地方，虽然**眼疾手快**，但一天还是打不到几只。那天，来到你们小吃店，大家**轻而易举**地就打死了一百多只苍蝇，使我们班荣获灭蝇竞赛第一名，对'来来小吃店'，我们真是**感激涕零**！"

成语意思 猜一猜

1._____：用来指开创人类的历史或有史以来前所未有的情景。

2._____：形容人多得像蜂一样，一起挤着向前进。

3._____：比喻情况急迫，不能再等了。

4._____：眼光锐利，动作敏捷。

5._____：因感激而流泪。形容非常感谢的样子。

成语运用
猜一猜

1. 姐姐_____，打球时，常常让对方接不到球。

2. 百货公司搞的"跳楼"大甩卖吸引顾客_____。

3. 妈妈一进门，我就_____地告诉她今天在学校发生的趣事。

4. 她常常热情地帮助同学，大家都对她_____。

5. 这个偏僻（pì）的小山村出现一个大学生是_____的大事情。

6. 帮同学解答疑问是_____就可以做到的小事情，我们何乐而不为呢？

成语 万事通

盘古开天辟地

在中国古代神话传说中，最初天地没有分开，浑然一体，像个巨蛋。巨人盘古在混沌（hùn dùn）的天地间一睡就是一万八千年。

有一天，他突然醒来，见周围一片漆（qī）黑，抡（lūn）起大斧劈向黑暗，一声巨响后，轻而清的阳气上升为天，重而浊的阴气下沉为地。此后，天每日升高一丈，地每日增厚一丈。盘古又顶天立地一万八千年，终于使天地彻底分开。

第 53 篇

裁 判

爸爸是个篮球裁判员，亮亮有时候会到比赛现场看爸爸吹哨。每次哨声响起，那些在球场上**纵横驰骋**（chí chěng）、**所向无敌**的队员就对爸爸**言听计从**。

一天，亮亮跟哥哥在家中玩皮球，两人想象自己是篮球明星，**装模**（mú）**作样**地抢着皮球，一不小心，把爸爸的茶杯打碎了。

爸爸举起手准备打兄弟俩的屁股，亮亮马上吹起哨子，**依样画葫芦**地说："打人犯规！"

爸爸不禁**哑然失笑**。

成语意思猜一猜

1._____：形容英勇战斗，所向无敌。也比喻文学创作才思奔放，意到笔随。

2._____：故意做作，不是出于自然的表现。

3._____：情不自禁地发出笑声。

4. ＿＿＿＿＿＿＿＿＿：所到之处，无人可以与其抗衡（héng）。
形容力量强大，谁也不是对手。

5. ＿＿＿＿＿＿＿＿＿：比喻一味模（mó）仿，毫无创新。

成语运用
猜一猜

1. 爸爸看着弟弟滑稽（jī）的动作，不禁＿＿＿＿＿＿＿＿＿。

2. 练习书法时，我先＿＿＿＿＿＿＿＿＿，练习描红。

3. 妹妹常常＿＿＿＿＿＿＿＿＿地学妈妈的样子对着洋娃娃说话。

4. 这支球队简直＿＿＿＿＿＿＿＿＿，从组队到现在，还没输过球。

5. 我们要自己动脑判断对错，不能对别人＿＿＿＿＿＿＿＿＿。

6. 滔滔洪水如＿＿＿＿＿＿＿＿＿的骏马，滚滚而来。

成语 万事通

"葫芦" 常用的比喻

葫芦形状像"8"，古人常用它装酒。

人们常用葫芦的外形或功能比喻别的事物。**"倒地葫芦"** 比喻醉倒的人，就像倒在地上的葫芦。**"没嘴葫芦"** 比喻不说话或很少说话的  人。**"闷葫芦"** 比喻极难猜透而令人纳闷的话或事情，或比喻不爱说话的人。**"打混葫芦"** 比喻故意让别人猜不着。**"不知道葫芦里卖的什么药"** 比喻不了解内情，不知道对方要做什么。

第 54 篇

是爸爸给的

妈妈经营一家美发院，客人常说：来这里做出的发型简直**鬼斧神工**，令人**心旷神怡**（yí）。

一天，一位女客人刚做完头发，显得**千娇百媚**（mèi）。晶晶看得**目不转睛**，直说："阿姨好漂亮！"

女客人笑了一笑，说："小不点儿，你的卷发也很美啊！我猜，一定是妈妈给你弄的吧？"

晶晶说："才不是呢！我想一定是爸爸给的，因为他头上一根头发也没有，他肯定是把头发全送给我了。"

成语意思 猜一猜

1. _____：心情开朗，精神愉悦。

2. _____：眼睛动也不动。形容注意力集中。

3. _____：像是鬼神制作出来的。形容建筑、雕塑等技艺精巧，非人工所能为。

4. _____：形容女子美好的容貌和体态。

成语运用
猜一猜

1.这尊微雕佛像,真是＿＿＿＿＿＿＿啊,让游客都赞叹不已。

2.弟弟已经戴上 500 度的近视眼镜了,竟然整天还是＿＿＿＿＿
＿＿＿＿地盯着屏幕玩游戏。

3.她在舞台上打扮得＿＿＿＿＿＿＿＿＿,平日在台下却穿
着(zhuó)十分朴素。

4.假日出外爬爬山,看看大自然,会让我＿＿＿＿＿＿＿＿＿。

成语万事通

鬼斧神工 VS 巧夺天工

　　鲁国技艺非常高超的木匠梓(zǐ)庆,用木头雕成一个镰(jù,古代的一种乐器),它外形精美,花纹精细,人们一致夸它好,认为不是人工做出来的,像出自鬼神之手。

　　"鬼斧神工"指自然事物神奇巧妙,不是人力所能达到的;还可以用来形容艺术技巧极其高超。而它的同义词"巧夺天工"则专指人工的精巧胜过天然制成的,形容技艺十分高超。

第 55 篇

头　疼

亮亮的嗓子经常疼痛,到医院检查后,医生**直截了当**(liǎo dàng)地对妈妈说:"您儿子的扁桃腺(xiàn)发炎了,最好把它切除,就可以**一劳永逸**(yì)。"

半年后,亮亮的腹部疼痛,到医院检查后,医生**语重**(zhòng)**心长**(cháng)地对妈妈说:"您儿子的盲肠发炎了,必须把它切除。"

几个月后,亮亮又来找医生,医生问他:"你又哪儿不舒服了?"

亮亮的妈妈**面有难色**地说:"医生……我实在不敢对您说啊!这次他是头疼。"

成语意思 猜一猜

1.＿＿＿＿＿＿＿:言辞真诚、具有影响力,情意深长。

2.＿＿＿＿＿＿＿:形容说话或做事直接,不会拐弯抹(mò)角。

3.＿＿＿＿＿＿＿:脸上表现出为难的神情。

4.＿＿＿＿＿＿＿:经过一次的劳苦,把事情办好,以后就不再费事了。

成语运用 猜一猜

1. 爸爸说家里装了监控系统，就能________，不用再怕小偷光临了。

2. 开学典礼上，校长一番________的话，让我们都牢记在心。

3. 爸爸________地对哥哥说："你必须考上重点大学，否则我不再出钱供（gōng）你读书。"

4. 小明想要小华的橡皮，小华________，但是又不便拒绝小明。

成语 万事通

成语中的"脸色"

除了"**面有难色**"，跟"脸色"有关的成语还有不少。"**面如土色**"指脸色像泥土一样，形容惊恐到了极点。"**面黄肌瘦**"形容人消瘦、营养不良的样子。

"脸"也彰显人的特性。形容人公正严明不偏私，就说"**铁面无私**"；形容人处事圆滑，面面俱到，就说"**八面玲珑**"；形容男子油嘴滑舌，就说"**油头粉面**"。这些成语，还真应验了"**相由心生**"的说法呢！

第 56 篇

想要蛋糕

亮亮的一只眼睛下面青了一块。回到家，他**心有余悸**（jì）地说是学校一个叫小翰（hàn）的同学打的。

爸爸说："**宰相肚里能撑船**，你要和他交朋友，把这块蛋糕送给他，和他握握手，这样就可以**相**（xiāng）**安无事**了！"

两天后，亮亮的另一只眼睛下面也青了一块。爸爸问他："这又是怎么回事，那个小翰是不是**欺善怕恶**？"

"小翰说他还想要蛋糕。"亮亮犹如**丧家之犬**，**惶**（huáng）**恐不安**地说道。

成语意思 猜一猜

1. _____：形容人宽宏大量，能容忍、原谅别人。

2. _____：惊慌恐惧得不能安宁，心神不定。

3. _____：欺负善良、弱小的人，却害怕得罪凶恶的人。

4. _____：比喻失去靠山，无处投奔（bèn），到处乱窜（cuàn）的人。

5. _____：形容危险不安的事情虽然过去，但回想起来，心里仍然感到紧张、害怕。

6. _____：彼此和平共处（chǔ），没有发生不好的事。

 成语运用
猜一猜

1. 小明是一个_____的坏孩子，大家都不愿和他玩。

2. 流浪汉犹如_____，四处为家。

3. 虽然台风已经过去了，大家仍然_____。

4. 你们两个如果想_____的话，就不要再生对方的气了。

5. 叔叔真是_____，原谅了那个说他坏话的人。

6. 警察叔叔一想到人质那张_____的脸，就恨不得马上把她解救出来。

 成语万事通

"丧家之犬"的典故

春秋时期，孔子带领他的学生到各国讲学。他的观点与当时诸侯不合拍，常常受到冷遇。在郑国，有一次孔子与弟子走散，子贡到处问人孔子在何处。有一人说东门边有个老头子像一只**丧家之犬**在发呆。子贡找到孔子后，把郑人的话一五一十地告诉了他，孔子坦然一笑说："说我像**丧家之犬**那倒是千真万确呀。"

第 57 篇

遗 传？

一天，上语文课，老师让大家说出"一……一……"格式的成语，如"**一心一意**"。

小明是歌唱家的儿子，他**不假思索**地说："**一唱一和**（hè）。"

船长的儿子小强说："**一波未平，一波又起**。"

教室里变得非常安静，大家都**一筹**（chóu）**莫展**，再也想不出什么恰当的词语。

房地产商人的儿子小华突然**福至心灵**，兴奋地喊道："我想到了！一室一厅，一厨一卫。"

成语意思
猜一猜

1.＿＿＿＿＿＿：运气来了，心思也显得灵巧了。

2.＿＿＿＿＿＿：一个先唱，一个随声应和（yìng hè）。原形
容两人感情相通。现也比喻两人互相配
合，互相呼应。

3.＿＿＿＿＿＿：一点儿计策也施展不出来，比喻毫无办法。

4.＿＿＿＿＿＿：心意专一。

5. ＿＿＿＿＿＿＿＿＿：比喻一个问题还未解决，另一个问题又发生了。形容事情进行得不顺利，波折很多。

成语运用
猜一猜

1. 这件事让大家＿＿＿＿＿＿＿＿＿，不知道该怎么解决才好。

2. 他家才发生火灾，又被小偷光顾，真是＿＿＿＿＿＿＿＿＿。

3. 他们两个人＿＿＿＿＿＿＿＿＿，把大家都逗笑了。

4. 姐姐＿＿＿＿＿＿＿＿＿想出国留学，所以拼命地学英语。

5. 你千万不要＿＿＿＿＿＿＿＿＿地做决定，先慎（shèn）重考虑后再答复我。

6. 不知是＿＿＿＿＿＿＿＿＿，还是一时心血来潮，反正他想到的这个新办法非常有效。

成语 万事通

"筹" 是什么？

"筹" 是用来计算数量的器具，如"筹码""算筹"。"筹"也被运用在成语中。例如，"**更胜一筹**""**略胜一筹**"，都是在比较之下，显现出较为优秀、出色的一方。

"筹"也有计划、谋划的意思，如"筹划""筹备""筹办""筹措"等。成语中形容谋划策略，就说"**运筹帷幄**"；想不出半点计策，就说 "**一筹莫展**"，它的近义词是 "**束手无策**""**无计可施**"。

第 58 篇

镜中有个丈母娘

从前，有个渔家妇人从来没有照过镜子，因此都不知道自己长什么样。

有一天，丈夫出海回来，把刚买的镜子**欢天喜地**地拿给老婆。妇人拿来一看，**慌慌张张**地跑到婆婆面前说："您儿子又娶回来一个新媳妇！"

她婆婆把镜子拿过来一看，不禁**悲从中来**，一把鼻涕一把泪地说："儿呀！虽然你爸爸过世了不能再管你，但是你也不能做**伤风败俗**的事呀！不仅娶小老婆，还把新丈母娘也带来了？"

成语意思
猜一猜

1.＿＿＿＿＿＿：形容心里不沉着，动作忙乱。

2.＿＿＿＿＿＿：败坏社会风俗，多用来谴（qiǎn）责道德败坏。

3.＿＿＿＿＿＿：非常欢喜高兴的样子。

4.＿＿＿＿＿＿：悲哀从心中涌出。

成语运用
猜一猜

1. 弟弟_____地跑进来，原来是一只野狗在追他。

2. 今天是哥哥结婚的日子，全家人都_____地忙着布置新房。

3. 阿姨的狗丢了，她看见邻家的小狗不禁_____。

4. 以前的人如果做了_____的事，就会受到全体村民的责骂与审判。

成语万事通

成语中的"欢喜"

中国人凡事讲求喜乐。依照不同的喜乐程度，有不同的成语。

因意想不到的喜事而特别高兴，就用"**喜出望外**""**喜从天降**"来形容；"**喜上眉梢**"说的是喜悦之情流露在眉宇之间；"**握手言欢**"表示友好；"**宾主尽欢**"形容主人和客人相聚融洽、尽兴欢愉；形容欢乐兴奋，有"**欢欣鼓舞**""**欣喜若狂**"；形容欢乐的场面，就说"**欢声雷动**""**皆大欢喜**"。

祝福他人的喜事，搬家说"**乔迁之喜**"，生孩子说"**弄瓦之喜**""**弄璋（zhāng）之喜**"，订婚说"**文定之喜**"。成语中的欢喜之事真是不少呀！

第 59 篇
都是假的

　　阿金是一个**孤陋寡闻**（gū lòu guǎ wén）的乡下人。一天，他到镇上的牙科诊所装假牙，因为付了假钞，医师便报警处理。

　　警察问："先生，你怎么解释这件事？"

　　阿金**理直气壮**地说："他给我装的是一颗假牙，难道我会愚蠢到付他真钞的地步？"

　　医师听了阿金强（qiǎng）**词夺理**的话，就对警察说："算了，我不跟他**一般见识**，只要他把钱缴（jiǎo）清就好了，付假钞的事，就**一笔勾销**（xiāo）吧！"

成语意思
猜一猜

1.＿＿＿＿＿＿＿：形容因理由充分，所以说话做事有气势。

2.＿＿＿＿＿＿＿：全部作废或取消。

3.＿＿＿＿＿＿＿：指无理强辩，明明没理硬说有理。

4.＿＿＿＿＿＿＿：形容学识浅薄，见闻不广。

5.＿＿＿＿＿＿＿：同样的识见。

成语运用
猜一猜

1. 你害他的事，他已经＿＿＿＿＿＿＿＿＿，不放在心里了。

2. 如果你跟 3 岁的妹妹＿＿＿＿＿＿＿＿＿，就表示你其实跟她差不多大而已。

3. 伯伯住在深山里，平常就＿＿＿＿＿＿＿＿＿，当然也不知道什么是奇异果。

4. 我＿＿＿＿＿＿＿＿＿地问："这是我的家，为什么不让我进去？"

5. 错了就要承认，不要＿＿＿＿＿＿＿＿＿。

成语万事通

"一笔勾销"的故事

　　北宋时期著名文学家、政治家范仲淹，对官场存在的腐败现象深恶痛绝。担任参政后，他同韩琦（qí）、富弼（bì）等一起进行了一场以吏治改革为中心的"庆历新政"。在考核地方官吏政绩时，他将那些不称职的官吏名字一笔勾掉，撤掉他们的职务。富弼劝他，说这样用笔一勾就断送别人的前程，会伤及别人的家人。范仲淹说："他一家哭比百姓哭要好吧！"

第 60 篇

车 祸

路上发生车祸，许多人都**不约而同**地围了过去。

记者阿聪费了**九牛二虎之力**还是挤不进去，他**急中生智**，便大声说："我是伤者的父亲，请让我过去！"

果不其然，围观的群众让开了一条路，阿聪顺利拍摄到现场照片。

一天，又发生交通意外。阿聪又因晚到挤不进去，他**呼天抢（qiāng）地**地大喊："我是伤者的儿子，快让一让！"

可阿聪进去一看，羞得**无地自容**，因为车子压伤的是一只乌龟！

成语意思 猜一猜

1._____：事情的结果与预料的一样。

2._____：无处可以藏身，形容羞愧至极。

3._____：在紧急状况下，猛然想出好的应付方法。

4._____：大声叫天，用头撞地。形容极度地哀伤、悲痛。

5._____：事先没有约定而彼此见解或行动相互一致。

成语运用
猜一猜

1. 小明从小勤奋刻苦，_____，他长大后事业成功。

2. 赛跑时，他的鞋子突然飞出去了，他羞得_____。

3. 老师费了_____才把教室打扫干净，我们一定要保持好。

4. 奶奶去世了，她哭得_____。

5. 蚂蚁落水了，只见它_____，爬上一片叶子，把叶子当船划行。

6. 同学们_____地选举乐于助人的小明当班长。

成语 万 事 通

成语中的"天地"

　　我们形容风景秀丽，引人入胜，就说"**别有天地**"。比喻距离很远，就说"**天南地北**"。形容天地广大辽阔，可说"**天高地厚**"。比喻时代久远，就说"**天荒地老**"。

　　人们除了赞美天地，也喜欢向天地看齐。"**上天入地**"，比喻一个人神通广大。"**谈天说地**"形容人知识丰富，能广泛谈论各种事情。"**顶天立地**"形容人处事光明磊落，气势豪迈。"**惊天动地**"形容声势极大。

第1篇　一、兴师问罪　高朋满座　按捺不住　笑容可掬　疑惑不解　人声鼎沸

　　　　二、按捺不住　高朋满座　笑容可掬　兴师问罪　人声鼎沸　疑惑不解

第2篇　一、不以为然　大言不惭　大张挞伐　兴高采烈　火冒三丈　以貌取人

　　　　二、大张挞伐　兴高采烈　大言不惭　以貌取人　不以为然　火冒三丈

第3篇　一、懵懵懂懂　冥思苦想　灵机一动　恍然大悟　不可思议

　　　　二、不可思议　懵懵懂懂　冥思苦想　灵机一动　恍然大悟

第4篇　一、滴水成冰　一板一眼　心满意足　眉开眼笑　有备无患　弱不禁风
　　　　　　含情脉脉

　　　　二、有备无患　心满意足　含情脉脉　一板一眼　滴水成冰　有备无患
　　　　　　眉开眼笑　弱不禁风

第5篇　一、心急如焚　有气无力　半信半疑　千方百计　吞吞吐吐

　　　　二、吞吞吐吐　千方百计　有气无力　半信半疑　心急如焚

第6篇　一、爱莫能助　一成不变　愁眉不展　一技之长　喃喃自语

　　　　二、愁眉不展　一技之长　一成不变　喃喃自语　爱莫能助

第7篇　一、百思不解　屈指可数　来龙去脉　眉清目秀

　　　　二、来龙去脉　百思不解　眉清目秀　屈指可数

第8篇　一、馋涎欲滴　痛哭流涕　神态自若　无能为力　家徒四壁

　　　　二、神态自若　无能为力　家徒四壁　痛哭流涕　馋涎欲滴

第9篇　一、责无旁贷　怒不可遏　咆哮如雷　百口莫辩

　　　　二、怒不可遏　责无旁贷　咆哮如雷　百口莫辩

第10篇　一、喜形于色　日进斗金　载歌载舞　束手无策　目瞪口呆　能歌善舞
　　　　　　将信将疑　如意算盘　一举成名

　　　　二、喜形于色　一举成名　目瞪口呆　束手无策　能歌善舞　将信将疑
　　　　　　日进斗金　载歌载舞　如意算盘

第11篇　一、屏气凝神　轻而易举　迅雷不及掩耳之势　不疾不徐　安然无恙
守株待兔　百思不得其解

二、安然无恙　守株待兔　轻而易举　不疾不徐　屏气凝神
迅雷不及掩耳之势　百思不得其解

第12篇　一、言听计从　山珍海味　垂头丧气　德高望重　一时之选

二、垂头丧气　一时之选　山珍海味　德高望重　言听计从

第13篇　一、粗枝大叶　自告奋勇　心急火燎　有板有眼

二、自告奋勇　粗枝大叶　有板有眼　心急火燎

第14篇　一、面红耳赤　莞尔一笑　沉鱼落雁　美中不足　风度翩翩　善解人意
一往情深

二、一往情深　面红耳赤　美中不足　风度翩翩　沉鱼落雁　善解人意
莞尔一笑

第15篇　一、依然如故　急不可耐　心平气和　目不识丁　丢三落四

二、心平气和　丢三落四　目不识丁　急不可耐　依然如故

第16篇　一、冥顽不灵　倾盆大雨　满腹经纶　华灯初上

二、倾盆大雨　冥顽不灵　华灯初上　满腹经纶

第17篇　一、精疲力竭　三番五次　乐此不疲　俯首帖耳　刨根问底

二、目瞪口呆　精疲力竭　俯首帖耳　乐此不疲　三番五次　刨根问底

第18篇　一、十年寒窗　七窍生烟　克绍箕裘　啼笑皆非　兴致勃勃

二、十年寒窗　七窍生烟　啼笑皆非　克绍箕裘　兴致勃勃

第19篇　一、袖手旁观　其貌不扬　口不择言　大大咧咧　失声痛哭　柳暗花明

二、柳暗花明　口不择言　袖手旁观　其貌不扬　大大咧咧　来龙去脉
失声痛哭

第20篇　一、茅塞顿开　脱口而出　天真烂漫　七嘴八舌

二、天真烂漫　七嘴八舌　茅塞顿开　脱口而出

第21篇　一、手忙脚乱　筋疲力尽　瓢泼大雨　大吃一惊　大显身手　声嘶力竭
顺手牵羊　穷追不舍

二、大显身手　顺手牵羊　大吃一惊　穷追不舍　声嘶力竭　筋疲力尽

瓢泼大雨　手忙脚乱

第22篇　一、怒火冲天　诲人不倦　滔滔不绝　兄友弟恭　不识大体　唇枪舌剑

　　　　　二、兄友弟恭　唇枪舌剑　滔滔不绝　不识大体　诲人不倦　怒火冲天

第23篇　一、世风日下　养尊处优　人心不古　家财万贯　惹火烧身　谆谆教诲

　　　　　二、养尊处优　世风日下　人心不古　惹火烧身　谆谆教诲　家财万贯

第24篇　一、惟妙惟肖　自鸣得意　一网打尽　纹丝不动　不费吹灰之力

　　　　　二、惟妙惟肖　一网打尽　不费吹灰之力　自鸣得意　纹丝不动

第25篇　一、聚精会神　望子成龙　大惊小怪　大庭广众

　　　　　二、望子成龙　大惊小怪　聚精会神　大庭广众

第26篇　一、正襟危坐　肆无忌惮　百啭流莺　三令五申

　　　　　二、肆无忌惮　三令五申　正襟危坐　百啭流莺

第27篇　一、力挽狂澜　长驱直入　锱铢必较　守口如瓶　善罢甘休　高谈阔论

　　　　　二、力挽狂澜　锱铢必较　守口如瓶　善罢甘休　长驱直入　高谈阔论

第28篇　一、战战兢兢　提心吊胆　亡羊补牢　一臂之力　一应俱全

　　　　　二、提心吊胆　一应俱全　亡羊补牢　一臂之力　战战兢兢

第29篇　一、阴云密布　专心致志　扑朔迷离　一落千丈　九霄云外　无可奈何

　　　　　二、一落千丈　无可奈何　九霄云外　扑朔迷离　九霄云外　专心致志

　　　　　　阴云密布

第30篇　一、万寿无疆　眉飞色舞　一元复始　金玉满堂

　　　　　二、金玉满堂　万寿无疆　一元复始　眉飞色舞

第31篇　一、少不更事　耳提面命　少见多怪　明眸皓齿　哭笑不得　十万火急

　　　　　二、少不更事　耳提面命　十万火急　哭笑不得　明眸皓齿　少见多怪

第32篇　一、忧心忡忡　心惊肉跳　春风满面

　　　　　二、心惊肉跳　春风满面　眉开眼笑　忧心忡忡

第33篇　一、川流不息　乐不可支　节衣缩食　胸有成竹

　　　　　二、节衣缩食　胸有成竹　川流不息　乐不可支　急不可耐

第34篇　一、一无所有　出人意料　垂涎三尺　无精打采

　　　　　二、一无所有　垂涎三尺　无精打采　出人意料

135

第49篇 一、慢条斯理　左思右想　开源节流

二、开源节流　如意算盘　慢条斯理·左思右想

第50篇 一、心烦意乱　九牛二虎之力　好为人师　愁眉苦脸

二、好为人师　愁眉苦脸　九牛二虎之力　心烦意乱

第51篇 一、漫不经心　司空见惯　热锅上蚂蚁　无影无踪

二、司空见惯　脱口而出　热锅上蚂蚁　无影无踪　漫不经心

第52篇 一、开天辟地　蜂拥而上　迫不及待　眼疾手快　感激涕零

二、眼疾手快　蜂拥而上　迫不及待　感激涕零　开天辟地　轻而易举

第53篇 一、纵横驰骋　装模作样　哑然失笑　所向无敌　依样画葫芦

二、哑然失笑　依样画葫芦　装模作样　所向无敌　言听计从　纵横驰骋

第54篇 一、心旷神怡　目不转睛　鬼斧神工　千娇百媚

二、鬼斧神工　目不转睛　千娇百媚　心旷神怡

第55篇 一、语重心长　直截了当　面有难色　一劳永逸

二、一劳永逸　语重心长　直截了当　面有难色

第56篇 一、宰相肚里能撑船　惶恐不安　欺善怕恶　丧家之犬　心有余悸
相安无事

二、欺善怕恶　丧家之犬　心有余悸　相安无事　宰相肚里能撑船
惶恐不安

第57篇 一、福至心灵　一唱一和　一筹莫展　一心一意　一波未平，一波又起

二、一筹莫展　一波未平，一波又起　一唱一和　一心一意　不假思索
福至心灵

第58篇 一、慌慌张张　伤风败俗　欢天喜地　悲从中来

二、慌慌张张　欢天喜地　悲从中来　伤风败俗

第59篇 一、理直气壮　一笔勾销　强词夺理　孤陋寡闻　一般见识

二、一笔勾销　一般见识　孤陋寡闻　理直气壮　强词夺理

第60篇 一、果不其然　无地自容　急中生智　呼天抢地　不约而同

二、果不其然　无地自容　九牛二虎之力　呼天抢地　急中生智　不约而同

星级评价表

单元	篇目	流畅朗读笑话 ★	看着笑话口述两个"猜一猜"练习 ★★	看着答案中的成语创造性复述笑话 ★★★	用篇目中所学成语创作笑话 ★★★★
第一单元	第1—5篇				
	第6—10篇				
第二单元	第11—15篇				
	第16—20篇				
第三单元	第21—25篇				
	第26—30篇				
第四单元	第31—35篇				
	第36—40篇				
第五单元	第41—45篇				
	第46—50篇				
第六单元	第51—55篇				
	第56—60篇				